中国古代移民

王 俊 著

中国商业出版社

图书在版编目（CIP）数据

中国古代移民 / 王俊著. -- 北京：中国商业出版社，2025.1. -- ISBN 978-7-5208-3287-8

Ⅰ．D632.4

中国国家版本馆CIP数据核字第202404G2W2号

责任编辑：陈　皓

策划编辑：常　松

中国商业出版社出版发行

（www.zgsycb.com 100053　北京广安门内报国寺 1 号）

总编室：010-63180647　编辑室：010-83114579

发行部：010-83120835/8286

新华书店经销

河北吉祥印务有限公司印刷

*

710 毫米×1000 毫米　16 开　14 印张　200 千字

2025 年 1 月第 1 版　2025 年 1 月第 1 次印刷

定价：50.00 元

* * * * *

（如有印装质量问题可更换）

前　言

中国自古以农业立国，"安土重迁"是中国古人的一种习性，以血缘为纽带的宗法制度和自给自足的小农经济，使古人对故土有着深沉的眷恋情结，"父母在，不远游"是古人牢牢恪守的信条，因而一般情况下，古人不会轻易离开土生土长的家乡。

事实上，在华夏大地的历史上由于各种自然灾害、河流改道、各类战争、国家需要等因素的影响，人员迁移是必要的。中国是一个多民族的国家，历史上农耕文明与游牧文明不断相互碰撞、交流、包容、吸纳、发展。古人每时每刻都被动地处于迁徙之中，有时迁移的规模和数量还很大，历史上大的迁移如："永嘉南迁"、"靖康南迁"、"土尔扈特东归"、洪武年间的"洪洞大分家"、"湖广填四川"、"下南洋"、"走西口"、"闯关东"等甚至出现全国范围的大流动。

在夏商周以前的原始社会，华夏大地的原始先民，他们的迁徙往往来自求生的本能。为了更好地生存和发展，先民们跨越千山万水，或逐水而行，或逐草而居，由深山密林走向更加广阔的天地。在这个过程中，华夏民族逐渐形成，并创造了黄河流域、长江流域的文化，华夏文明的星光在移民的步伐中散播四方，拉开了中华文明的序幕。

进入奴隶社会、封建社会以后，先民迁徙的速度加快，移民的规模也更大。此时移民的原因逐渐趋于复杂，类型也变得多种多样。有自发的经济性移民，有被迫的社会性移民；有民族性的大迁徙，也有

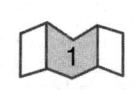

人口的海外迁移。随着各种移民活动的展开，中国人的分布范围逐渐扩大，足迹遍及大江南北，世界各地。此间，以移民为载体，发生了文化的转移和传播。中原文化在几次大规模北人南迁的潮流中向南扩散，促进了江南经济的崛起和文化的兴盛，奠定了今天中国文化地理分布的格局；北方游牧民族的南迁，将少数民族的风俗传播到了中原，为民族文化的交流融合和科技的发展创造了条件；中国人口的国际性迁徙和海外人口的内迁，造就了不同文化的碰撞，构成了移民文化的多彩画卷，同时也丰富和完善了中国文化。

南来北往的人们，尽管饮食习惯不一样，风俗习惯不一样，甚至语言不一样，然而他们信仰的文化都一样，他们都是华夏儿女，炎黄子孙。张王李赵……您贵姓？您从哪里来？东辣西酸，南甜北咸，共同组成了丰富多彩的中华美食，都是中国文化的一部分，都有着共同的文化属性——中华文明。

本书在结构上分为上下两编。上编共有四章，主要介绍自先秦至明清中国历史上波澜壮阔的移民活动，包括中国古代因各种原因产生的移民事件，如三皇五帝的迁徙传说、夏商周的迁移轨迹、秦汉的关中和岭南移民、战乱导致的永嘉南迁和靖康南渡、历代的民族迁徙和民族融合、明清垦荒运动引发的移民潮，旨在使读者直观地了解中国古代的移民历史。

下编共有三章，重点叙述中国古代人口迁移产生的文化交流与扩散，包括中国内部移民对文化的贡献、中国历代海外移民及其影响、中国移民与寻根文化的关系三部分内容，意在展现传统文化的发展及播迁，让读者感受移民产生的文化影响。

可以说，没有人口迁徙就没有中华民族丰富多彩、辉煌灿烂的中

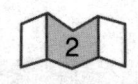

华文化，中国的移民史就是一部中国文化传播的历史，也是一部中国多民族融合的历史。他们兼容并蓄，相互包容，相互学习，取长补短，相互促进，和谐发展，无论如何搬迁，这么多民族的人们都有一个共同的名字叫中国，因为他们有一个共同的根就是中国文化，他们的血液里流淌着共同的基因。中国上下五千年生生不息，继往开来，中国的历史从来没有中断过也正是源于此。

  囿于资料有限，虽躬耕数载，小心求索，然挂一漏十在所难免，如有不尽或差谬之处，恳待读者朋友指正，待再版时，再予修正。

甲辰年于京郊公寓

目 录

上 编
浮光掠影——中国历史上波澜壮阔的移民活动

第一章　山一程，水一程——秦代以前的移民足迹……………… 2

第一节　移民的发端——上古时代的人口迁移………………………2

　一、迁徙往来无常处——"三皇"的迁徙传说………………………2

　二、行走四方——"五帝"的迁移事迹………………………………7

　三、随地而安——巴人、蜀人的迁徙神话………………………… 11

第二节　内聚与扩散——夏商周的迁徙传统……………………… 14

　一、频频变迁——夏人的迁移历史与"中国"的形成……………… 14

　二、前八后五，不常厥土——殷人的迁徙轨迹…………………… 16

　三、百姓由宁，殷道复兴——盘庚迁殷…………………………… 18

　四、居豳迁岐——周王族的兴起和发展…………………………… 20

　五、裂地分民封诸侯——西周建立与周人的扩散迁移…………… 22

　六、王权落幕不复归——周平王东迁洛邑………………………… 24

第三节　开拓与兼并——东周列国的迁移历程…………………… 26

　一、筚路蓝缕的征程——南方诸国的开发与迁徙………………… 27

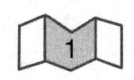

二、你方唱罢我登场——北方诸国的兴亡迁移…………………… 31

第二章　大移民时代——从秦汉到魏晋南北朝的人口流动 … 36

第一节　皇权下的人口迁徙——政治与军事移民………………… 36

一、充实首都——秦汉对关中地区的移民…………………… 37
二、和辑百越——从中原向岭南的移民……………………… 40
三、移民实边——秦汉对西北边疆的开发…………………… 43
四、移民实京师——北魏向平城地区的移民………………… 46

第二节　汇聚中华成一家——少数民族的内迁…………………… 50

一、由"塞外虏"到"并州胡"——匈奴的南迁……………… 51
二、驰骋北国——深山密林走出的鲜卑人…………………… 55
三、关中遍布三苗裔——入居中原的羌人…………………… 59
四、西来氐人满长安——氐族的东迁………………………… 61
五、原籍中亚——徙居内地的羯族…………………………… 63

第三节　远徙他乡——西迁的游牧民族…………………………… 64

一、称霸域外——走出国门的月氏人………………………… 65
二、伊犁河畔，第二故乡——乌孙的西迁…………………… 66
三、跋涉千里——青海为家吐谷浑…………………………… 68

第四节　兵临城下的逃亡——永嘉丧乱…………………………… 69

一、四海颠覆——"八王之乱"与晋室南迁………………… 69
二、烽火中的移民——永嘉南渡……………………………… 71
三、南国里的变迁——北来移民的贡献……………………… 76

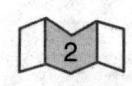

第三章　大一统大分裂中的移民——隋唐至宋元的人口迁徙 ················ 80

第一节　而今胡越是一家——隋唐时期周边民族的内徙 ············ 81
一、突厥 ················ 81
二、回纥 ················ 82
三、吐蕃 ················ 83
四、靺鞨 ················ 84

第二节　民族纷争中的移民——辽金夏的民族迁移与对峙 ············ 86
一、草原帝国的前世今生——契丹人的迁徙与辽国的兴衰 ···· 86
二、渔猎民族的华丽变身——女真族的迁徙和金国历史 ······ 89
三、从夹缝求生到雄峙西北——西夏党项的崛起和衰亡 ······ 92

第三节　血泪悲歌——刀光剑影下的迁移浪潮 ············ 95
一、繁华成梦——"安史之乱"引起的人口流动 ············ 95
二、民族之殇——"靖康之乱"后北方人口的南迁 ·········· 100
三、失国前奏——贞祐南渡 ············ 104

第四节　纵横四海——蒙古族的迁徙和元朝的移民 ············ 106
一、席卷欧亚——蒙古崛起和蒙古大军西征 ············ 106
二、定鼎中原——元朝建立和蒙古族的内迁 ············ 108
三、五方杂厝——汉人、色目人的迁徙融合 ············ 112

第四章　空前绝后——明清时期的人口迁移 ············ 115
第一节　史上最大的官方移民——明初大移民 ············ 115

一、红巾赶散各天涯——洪武移民 …………………………………… 116

二、"靖难之变"引发的迁徙——永乐移民 ………………………… 121

第二节 垦殖开荒——以生存为目的的经济移民 ……………………… 125

一、"天府之国"的复兴——湖广填四川 ………………………… 125

二、翻越山海关——闯关东 ………………………………………… 128

三、徙居塞外——走西口 …………………………………………… 131

四、血浓于水的血缘亲情——大陆移民对台湾的开发 …………… 134

下 编

人文荟萃——移民中的交流碰撞与文化扩散

第五章 文化大熔炉——移民造就的盛景 ……………………… 138

第一节 故园千里梦断肠——笔墨里的乡愁 …………………………… 138

一、寸心含有万斛愁——江陵移民和庾信的诗赋创作 …………… 138

二、故国之思如流水——李煜的亡国哀音 ………………………… 140

三、辗转流徙天地间——诗圣杜甫的漂泊之旅 …………………… 143

四、回首中原泪满巾——"靖康南渡"对词坛的冲击 …………… 145

第二节 席卷英豪天下来——江南文化区的兴盛 ……………………… 149

一、学术中心的转移——从"齐鲁弦歌"到"学在江浙" ……… 149

二、莘莘学子密如云——科举人才的主阵地 ……………………… 152

第三节　三里不同调，十里不同音——移民对方言和地方剧种的影响 ············ 154

　　一、语言博弈——移民与方言的演化 ············ 154

　　二、移民文化和土著文化的结合——传统戏曲的形成 ············ 157

第四节　中原文化中的外族"基因" ············ 160

　　一、舌尖上的风情——胡食的盛行 ············ 161

　　二、衣冠的变革——胡服的风靡 ············ 164

　　三、琵琶美酒胡旋舞——胡乐胡舞入中华 ············ 167

第六章　几多海外飘零客——中国人口的海外迁移和中国文化的传播 ············ 172

第一节　蓬莱瀛洲杳如萍——古代中国向日本的移民 ············ 172

　　一、求药一去无影踪——徐福东渡 ············ 173

　　二、唐风洋溢奈良城——鉴真东渡 ············ 175

第二节　海上马车夫——闯南洋的闽粤人 ············ 178

　　一、乘风破浪到南洋——季风吹出过番客 ············ 178

　　二、突破封锁线——海禁政策下的移民 ············ 181

第三节　亮丽的风景线——文化朋友圈的出现 ············ 185

　　一、惠播四邻——东亚文化圈的形成 ············ 185

　　二、华人聚居区——唐人街 ············ 189

第七章 追本溯源觅祖根——移民及其寻根情结……192

第一节 千年迁徙路——客家人的壮举…………192

一、筚路桃弧展转迁——客家民系的形成………192

二、生生不息的"密码"——宁卖祖宗田，不卖祖宗言………194

三、客家文化的摇篮——宁化石壁………197

第二节 笑问君从何处来——移民胜地的寻根热………198

一、脱履认乡亲——寻祖大槐树………199

二、此心安处是吾乡——根在瓦屑坝………200

三、广府人的发祥地——南雄珠玑巷………202

四、巴蜀人的精神家园——麻城孝感乡………204

五、苏北人的朝圣地——苏州阊门………206

参考文献……209

上 编
浮光掠影——中国历史上波澜壮阔的移民活动

人口迁移是人口变迁的主要方式，也是社会变迁的基本形式。有史以来，受各种错综复杂的自然条件和社会环境的影响，中国大规模的人口流动从未停止过。大规模的移民活动构成了移民史的主要部分，并对中国历史的发展产生了广泛而深刻的影响。这一编主要介绍中国历史上规模宏大、分布广泛的移民活动。

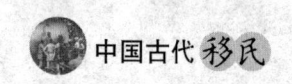

第一章　山一程，水一程——秦代以前的移民足迹

中国的移民史源远流长。早在先秦时期，移民活动就已经出现。先秦指秦始皇建立的大一统封建王朝前的时期，是中国历史上第一次人口大迁徙、民族大融合的时代。我们可以把这个历史时期的移民活动分成前后两个阶段：一个是带有神秘色彩、缺乏历史记载的移民时期，即远古传说时代；另一个是有着详细史实记录的移民时期，包括夏商周三代以及春秋战国。

第一节　移民的发端——上古时代的人口迁移

上古历史是中国历史发展的源头，是中华文明的孕育期。在这一历史时期，中国的先民经历了由原始野蛮到初级文明的漫长发展阶段。跟这个阶段的历史特点相适应，这一时期的人口迁移也表现出奇特的状况，呈现出迁移频繁、迁移规模较小、迁移方向多样的特点，迁徙的形式主要是整个部族活动领域的移动或扩张。

一、迁徙往来无常处——"三皇"的迁徙传说

回首人类的创生史，自猿人开始直立行走，人类便开始了向文明进步跋涉的艰难历程。在人类社会的早期，人们生产活动的主要门类

是采集和渔猎，《韩非子·五蠹》中记载的"古者丈夫不耕，草木之实足食也；妇人不织，禽兽之皮足衣也"，就是当时人们生活的真实写照。由于生产工具的落后和生产力的低下，人类抵御各种侵害与适应自然环境的能力还很薄弱，无时无刻不处在饥寒交迫和自然灾难侵袭的威胁之中。为了谋求生存之路，寻找合适的生存空间，原始先民势必要走向更广阔的地域，于是早期的迁徙活动应运而生。

迁徙活动是早期社会我们的祖先开拓历史的主干，没有迁徙，就不会有先民创世的丰功伟业，也不会有辉煌灿烂的华夏文明。古史传说，中华民族的文明始祖是从伏羲、炎帝算起，他们带领先民开始农业生产的尝试，逐渐完成从采集渔猎到农耕文明的转变，而黄帝则开创了华夏民族历史的新局面。传说中的"三皇"，是中国古代文明史上名副其实的"人文初祖"，他们的迁徙传说具有典型的意义。

（一）伏羲

相传伏羲氏是中国上古时代的第一位帝王。在他生活的时代，先民们还过着茹毛饮血、衣皮食肉的原始生活。植物果实和飞禽走兽是人们主要的食物来源，而捕猎动物是十分艰难和危险的。伏羲发明了渔网，教会人们捕鱼的技巧，并教会人们豢养家畜，从此丰富了食物来源，改善了先民们的饮食结构。新的生活方式对先民的生存与进化具有重要的意义，伏羲也因此深受先民的敬仰。

相传伏羲原是渭水流域一个部族的首领。大约7000年前，他的母亲华胥氏在渭水下游的"华胥古国"，也就是如今陕西西安蓝田县华胥镇华胥沟中，看到一个巨大脚印，好奇的华胥氏用脚踩踏脚印，不知不觉怀了孕，后来在渭水上游的成纪（今甘肃省天水市秦安县）生下了伏羲。伏羲相貌奇伟，聪慧英武，被推举为部族首领。伏羲部落在发展的过程中，为了躲避其他部族的侵害，获得更好的生产生活资料，踏上了不断迁徙的道路。从今天考古发现绘制的线路来看，伏羲部族的迁徙大致有两条路线：一是向南迁移，就是从甘肃天水秦安出发，南渡渭河，穿过陇南山区后分为两支，一支顺嘉陵江上游南下进入四川，发展为后来巴蜀文化的上源；另一支沿着汉水南下进入江汉平原和鄂西山区，成为后来屈家岭文化及楚文化的上源。二是向东迁移，线路是从天水秦安出发，沿渭河而下，进入关中宝鸡、渭南一带，后来又东出潼关，沿黄河而下，来到广阔的中原，在今河南淮阳建都定居，作为伏羲文明的根据地。

伏羲部族在南迁和东迁的途中，在今四川、湖北、贵州、陕西、山西、河南、河北、山东等地留下了光辉的文明遗迹，伏羲文明在华夏大地上开枝散叶，形成了中华民族早期的文明源泉，开启了中华文明的先河。

（二）炎帝

相传炎帝是中国上古时代的第二位帝王，是中国传统农耕文明开始的象征。他发明木制耒耜，教人们开荒耕种，使原始先民逐渐摆脱依赖天然果蔬和禽兽肉类的困境，可以自己生产粮食。

炎帝姓姜，长期率领部族活动在宝鸡地区的姜水流域。由于最早开始农耕，炎帝部族的生产力迅速提高，部族实力逐步强大。农业的发展导致了人口的增长。在刀耕火种的生产方式之下，养活众多的人口所需要的土地面积是相当大的，而随着人口的繁衍，姜水这一狭小的地域已经承载不下更多人口容量。同时刀耕火种会引起土地肥力的递减，当土壤贫瘠，居留环境恶化之后，人们往往群起远徙，另找生存之地。这两个因素决定了炎帝部落要寻求持续发展，必须向外扩展，于是他们开始大规模地向外迁徙。

从史料记载看，炎帝部族除一支继续留在关中西部外，其余的分别向东、向南和向西迁移。向东迁移的一支沿着渭河而下，往黄河中下游方向迁移。一路边走边垦荒，到了今河南、山东一带。这里气候温和，雨量充沛，地势平坦，土壤肥沃，比较适宜发展农业，因此炎帝一族在这里定居下来，并迅速发展壮大，成为中原地区各部落联盟的首领。传说中炎帝的都城先在陈，即伏羲氏部族的核心地，后来又迁至曲阜。炎帝统治的地盘十分广大，"南至交趾（今岭南一带），北至幽都（今河北省北部），东至旸谷（今山东省西部），西至三危（今甘肃省敦煌市一带），莫不听从"。大约5000年前，炎帝势力衰微，黄帝部落逐渐强大起来，两个部落争权夺利，多次进行战争。阪泉之战后，炎帝被打败，炎帝族的大部分与黄帝族融合，逐渐形成华夏族的主体，其余则向西南方向发展，进入今湖北、湖南地区。南下途中，炎帝部族将先进的农耕技术广泛传播，开创了黄河、长江流域的农耕文明，推动了人类文明的进步，为中华民族的繁衍昌盛作出了不可磨灭的贡献。

炎帝部落向西迁徙的一支，则沿渭水和千陇古道进入甘肃、青海，和当地的羌人融合，或以农耕为生，或以游牧为生。传说其中有一支一直进入西藏地区，与生活在那里的土人融合，形成藏族的祖先。

（三）黄帝

黄帝姓公孙，名轩辕，是"三皇"中的第三位，他被尊崇为中华民族的文明始祖。

相传黄帝是有熊国君少典的后裔，有熊氏发祥于黄土高原的姬水河畔，黄帝成为部族首领之后，继承了炎帝的农业生产经验，将原始农业发展到高度繁荣阶段，使本部落迅速强大起来。与炎帝一族的迁徙动机相似，黄帝部落也因发展繁衍而迁徙。黄帝族的迁徙路线比炎帝族偏北些，他们渡过渭河一路东下走出祖居之地，沿着中条山和太行山的边缘边游牧边迁徙，一直来到今天的冀北地区定居了下来。

到了炎帝统治晚期，神农氏权力旁落，下辖的各部落互相侵犯征伐，混战不休，天下百姓痛苦不堪。黄帝安抚万民，发展农业生产，取得众多部族的拥戴，炎帝无法容忍黄帝势力和威望的上升，于是两大部族首领在阪泉的郊野展开了一场大规模的战争。经过几番鏖战，炎帝的军队终于被战败。获胜的黄帝与炎帝组成联盟，又在涿鹿之野打败了以蚩尤为首的九黎部落，至此四方部落酋长都服膺黄帝的领导，尊他为"天子"，黄帝取代炎帝成为新的天下共主。

黄帝统一中原后，为了开拓疆土，维护天下安宁，率领部族奔波四方，"披山通道，未尝宁居"，足迹遍布大江南北。《史记·五帝本纪》记载了黄帝统辖区的辽阔：

东至于海，登丸山，及岱宗。西至于空桐，登鸡头。南至于江，登熊、湘。北逐荤粥，合符釜山，而邑于涿鹿之阿。迁徙往来无常处，以师兵为营卫。

"丸山"又称丹山，在今山东潍坊临朐县。"岱宗"就是东岳泰山，在今山东泰安市境内。这两个地域是黄帝统领区东界的标志，可见当时黄帝部族的东缘已达今东海一带。

"空桐"也称为崆峒，在今河南虞城县境内。"鸡头山"一名笄头山，是空桐山的别称。空桐与鸡头是西部界线的标识。

"熊山"又名熊耳山，在今陕西省商洛市商州区。"湘山"在今湖南省益阳市市内。熊山和湘山均在长江流域，是黄帝部族领地南界的象征。

"釜山"大致在今河北省怀来县东南,即在涿鹿山以北,是黄帝部族所据地域的北界。

随着疆域的扩张,中华民族的版图初步形成,华夏文明的星星之火如燎原之势传播四方,中华文明真正拉开了序幕。

> **知识链接**
>
> ### 九黎部落的南迁
>
> 九黎是上古时期的一个部落联盟,南蛮最早进入中原地区的一支。九黎共有九个部落,每个部落有九个氏族。蚩尤及其同母弟八人,均姓黎氏,因此号称"九黎"。
>
> 涿鹿之战蚩尤战败后,九黎族消亡,其余部一分为三:一部分留在北方,建立了黎国,后来被周文王征服;另一部分加入炎黄部落联盟,逐渐融入华夏族,汉语中"黎民"一词就是由此而来;还有一部分南迁到江汉流域,建立了三苗部落联盟,今天的苗族就是三苗的后裔。

二、行走四方——"五帝"的迁移事迹

"三皇"之后是"五帝"。古史传说中的"五帝"分别是少昊穷桑氏、颛顼高阳氏、帝喾高辛氏、帝尧陶唐氏、帝舜有虞氏。

翻开历史的典籍和远古帝王的传说故事,我们不难发现"五帝"的行走事迹跟"三皇"一样富有传奇色彩。

(一) 少昊

古代传说中关于少昊的行走事迹比较有限。少昊名玄嚣,也称青

阳、少暤、穷桑，是黄帝和嫘祖的长子。相传他出生在古江国，也就是今天河南息县一带。根据古书记录，少昊的居地在山东曲阜以北的古穷桑，黄帝死后，少昊就在穷桑即位，成为部落联盟的首领。后来少昊由穷桑迁移到曲阜，曲阜后来成为鲁国的国都，被后人称为"少暤氏之墟"。

（二）颛顼

颛顼名高阳，相传是黄帝之子昌意和蜀山氏女所生之子。颛顼在位时进一步发扬了黄帝的功业，统治区域也更为辽阔，北至于幽陵，南至于交趾，西至于流沙，东至于蟠木。

"幽陵"指古幽州，大致为今河北北部，是颛顼统辖区的北界。南界到"交趾"，即今岭南地区和越南北部一带。西界为"流沙"，《汉书·地理志》称流沙在汉代张掖居延县，位置大概在今天内蒙古额济纳旗东南。"蟠木"是东部边界的标志。《山海经·海外经》描述，东海有山名叫度索，山上长着一棵大桃树，"屈蟠三千里"，因此称为"蟠木"。

根据古代学者考证，颛顼曾频繁迁徙，居留地不止一处。如：

（1）帝丘。《水经注》记载："濮阳城东北，故卫也，帝颛顼之墟。昔颛顼自穷桑徙此，号曰商丘，或谓之帝丘。"颛顼帝曾经居于穷桑，后来迁徙到帝丘，即后来周朝封国卫国的领地，大致在今河南濮阳。

（2）高阳。王应麟在《通鉴地理通释》中说道："颛顼都卫，为帝丘，后徙高阳，称高阳氏。"依照这种说法，高阳是颛顼的第二个都城，颛顼从帝丘迁至高阳，后人以高阳为号，称颛顼为高阳氏。高阳大致在今河南杞县西南。

（3）棘城。杜佑《通典》称："棘城，即颛顼之墟，在营州柳城东南一百七十里。"柳城即今辽宁朝阳市。

（三）帝喾

帝喾名俊，是黄帝的曾孙，因辅佐颛顼帝有功，被封于高辛（今河南商丘睢阳），因此号称高辛氏。帝喾做首领时主要在今河南濮阳、安阳等地活动，帝喾时代有名的都城是亳。《括地志》载：亳邑故城，"在洛州偃师县西十四里，本帝喾之墟，商汤之都也。""亳"即今天河南偃师东部，是当时天下部族聚居的中心，相传商朝的祖先契是帝喾的后代，商汤曾长期在亳地居住停留。

（四）帝尧

尧帝名放勋，号陶唐氏，他跟继承其位的舜帝都是传说中的圣明君主。尧帝部族的发展历程，实际上也是一个不断迁徙的过程。我们通过古代的文献资料，可以清晰地勾画出尧帝的迁徙历程。《帝王世纪》中说道："帝尧始封于唐，今中山唐县是也，尧山在焉。唐水在西北，入唐河。后又徙晋阳，今太原县也，于周在并州之域。及为天子，都平阳，于《诗风》为唐国，武王子叔虞封焉。"可以看出，尧帝最初发迹于唐国，也就是今天的河北省唐县。后来迁徙到晋阳，即今山西太原附近。当他成为天子后，将都城定于平阳（今山西省临汾市）。

知识链接

尧舜流四凶

上古时期，部落首领对所谓凶顽之徒往往采取流放的方式，把他们逐出部落，迁徙到荒僻的远方。比如尧帝在位时，工师共工淫邪不正，被流放到幽陵，"以变北狄"；驩兜奸佞，被流放到崇山，"以变南蛮"；三苗作乱于江淮，被迁往三危，"以变西戎"；鲧治水无功，被驱逐到羽山，"以变东夷"。舜帝即位后，也出现了四位无恶不作的"不才子"——混沌、穷奇、梼杌、饕餮，舜采取果断措施，将他们全部流放到边区。尧舜流四凶，都属于强制性的、惩罚性的迁移。

（五）帝舜

舜帝名重华，号有虞，受尧的"禅让"而称帝于天下。舜帝早年经历坎坷，足迹遍天下。《史记》说他"耕历山，渔雷泽，陶河滨，作什器于寿丘，就时于负夏"。

舜帝最初崛起于虞城，根据文献记述和学者考证，一般认为虞城指的是河东蒲坂。《宋永初山川记》云："蒲坂城中有舜庙，城外有舜宅及二妃坛。"蒲坂城在今山西永济西南蒲州镇，"历山""陶城"等地大多能在河东蒲坂附近找到遗迹。

关于舜帝即位后的都城，《帝王世纪》指出："舜所都也，或言蒲坂，或言平阳及潘者也。"除了蒲坂，平阳和潘地（今河北省张家口市涿鹿县西南）也是传说中舜帝的都城。不过，"舜都蒲坂"得到了更多人的认可。

相传舜帝晚年为了德服三苗南下巡行，这是舜帝最后的迁移足迹。根据典籍的相关记述，我们可以描绘出舜帝南巡的大致线路：舜帝将帝位禅让给大禹后，带领一干人马从蒲坂出发，他们在山西风陵渡渡过黄河，随后进入陕西潼关，经过商洛，顺丹江水道漂流到湖北汉水，再横渡长江，到达湖南洞庭湖。之后溯湘江南下，经长沙，过韶山，至南岳衡山，再入永州，最后到达苍梧之野（今广西壮族自治区梧州市），因病去世。

舜帝驾崩后，他带来的族人大多留在了九嶷山下的青瑶峒，成为后来瑶族的祖先。据有关文献记载，后来舜帝的后裔与三苗和睦相处，在以青瑶峒为中心的湘水和资水上游共同创造了灿烂的上古文明。

总结一下"五帝"的迁移事迹，他们的行踪实为千千万万华夏先民开拓故事的缩影。我们可以发现，他们的活动足迹集中在今天的河北、河南与河东，即黄河流域。长期以来，黄河流域被誉为中华民族的发祥地，哺育华夏文明的"摇篮"，而长时间的迁徙和探索，文明的扩散和生产的发展，毫无疑问，都促使这里成为早期社会繁荣发达的"鼎盛之区"。

三、随地而安——巴人、蜀人的迁徙神话

巴族是中国古代民族部落之一，主要分布在今重庆、川东一带，古人称为"巴郡蛮、南郡蛮"。蜀族是分布在四川西部平原的古老部落。古代巴人和蜀人共同缔造了璀璨的古巴蜀文明。

跟上古时代中原各部落的迁徙一样，巴人和蜀人的迁徙也是以共同血缘的宗族为单位的，他们的迁徙发展过程向我们展示了古代早期巴人蜀人社会及其生活的轨迹。

清江源头是故乡

《后汉书·南蛮西南夷列传》记载了一则巴人起源和迁移的传说。

廪君之先，故出巫诞。巴郡、南郡蛮，本有五姓：巴氏、樊氏、

瞫氏、相氏、郑氏，皆出于武落钟离山。其山有赤、黑二穴，巴氏之子生于赤穴，四姓之子皆生黑穴。未有君长，俱事鬼神……乃共掷剑于石穴，约能中者，奉以为君。巴氏子务相乃独中之，众皆叹。又令各乘土船，约能浮者，当以为君。余姓悉沈，唯务相独浮。因共立之，是为廪君。乃乘土船，从夷水至盐阳。盐水有神女，谓廪君曰："此地广大，鱼盐所出，愿留共居。"廪君不许。盐神暮辄来取宿，旦即化为虫，与诸虫群飞，掩蔽日光，天地晦冥。积十余日，廪君伺其便……因射杀之，天乃开明。廪君于是君乎夷城，四姓皆臣之。

翻译成白话文就是：相传在上古洪荒时代，湖北夷水一带武落钟离山上有红、黑两个洞穴，洞中居住着五个部落，巴务相部落住在红洞，樊、瞫、相、郑四个部落住在黑洞。五个部落没有共同的首领统管事务，于是他们商定用竞赛的方式选出首领。首先比赛掷剑，只有巴务相掷中。接着比赛乘船，能浮者获胜。结果又独有巴务相的船能浮。众人折服于巴务相，公举他为君长，称为"廪君"。后来廪君率领部族渡过夷水向盐阳迁徙。盐阳有一个母系氏族部落——盐神女，邀请廪君定居下来，廪君没有答应，盐神女就在第二天早晨变成虫子飞上天空，遮蔽阳光，弄得天昏地暗。廪君将其射杀，天才晴朗起来。随后廪君部族来到夷城建都居住。

这里解释几个地名：武落钟离山，在今湖北长阳县境；夷水，即今清江；夷城，即夷都，在今湖北枝城；盐水，指清江自长阳至枝城段的一条支流。可以看到，巴人起源于湖北清江下游长阳的武落钟离山，早期是聚族而居，他们的迁徙是在共同血缘的基础上完成的，迁移的距离并不是很长，而且没有明确的目的地，开始是顺流而下，最后来到清江入长江处的平原地区，因自然条件适宜而定居下来。

《晋书·载记》描述了廪君部族从发源地迁徙到夷城的原因：

廪君复乘土船，下及夷城，夷城石岸曲泉水亦曲。廪君望如穴状，叹曰："我新从穴中出，今又入此，奈何？"

从上述记载可知，巴人在廪君以前过着穴居生活，举族迁徙的主要目的之一，就是走出穴居状态，改变居住环境，发展壮大部落规模。

廪君控制了清江流域后，以巴氏等部落构成的"内五族"为核心，加上其他被廪君部族融合、征服的民族，渐渐形成一个新的民族群体，即所谓的"巴人"。在此后4000多年的历史长河中，巴族先民及其后裔不断开疆拓土，将足迹扩展到周边的重庆、四川等地，深刻地打下了巴蜀文明的烙印。

蚕丛及鱼凫，开国何茫然

"蚕丛及鱼凫，开国何茫然？"

唐代大诗人李白面对古蜀国的神秘历史和传说，曾发出令人无限神往又思绪惆怅的慨叹。

古籍传说中，古蜀国的历史是从蚕丛氏开始的。蚕丛氏见于记载的最早活动地点是岷江上游河谷。他"始居岷山石室中"，"衣青衣，教民蚕桑"，后来可能因为河谷地区自然地理条件较差，限制了发展，于是率领族人逐水而下，迁徙到成都平原，最终建立了早期的国家。

蚕丛氏之后，古蜀国先后经历了柏濩、鱼凫、杜宇、开明四代蜀王。扬雄的《蜀王本纪》记载了古蜀国先王的更迭：

蜀王之先名蚕丛，后代名曰柏濩，后者名鱼凫。此三代各数百岁，皆神化不死，其民亦颇随王化去。鱼凫田于山，得仙，今庙祀之于湔。时蜀民稀少。

后有一男子，名曰杜宇，从天堕，止朱提。有一女子名利，从江源井中出，为杜宇妻。乃自立为蜀王，号曰望帝。治汶山下，化民往往复出。

望帝积百余岁，荆有一人名鳖灵，其尸亡去，荆人求之不得。鳖灵尸随江水上至郫，遂活，与望帝相见，望帝以鳖灵为相。

根据传说，柏濩和鱼凫很可能是蜀地的原始部族首领，在权力的更迭中迁移的距离并不是很远，本族的人口也跟随首领而迁移。杜宇和鳖灵则是由外地迁徙而来。杜宇的来历不明，被描述为从天而坠，降临人间。他与蜀地的一位母系氏族首领结合，成为蜀地部族联盟的首领。鳖灵即开明氏，他从长江中游的楚地逆行千里到达成都平原，没有率部族入蜀，因此只能投靠杜宇族。当然，这些口耳相传的传说并没有可靠的历史佐证，只是在一定程度上向我们反映了早期部族的迁移规律。

第二节 内聚与扩散——夏商周的迁徙传统

夏商周三代是中国历史上极为重要也极为辉煌的时代，三代王朝的迁徙表现出"内聚、扩散"的特点。"内聚"是指向中原腹地的靠拢，其结果是逐渐形成了"中国"；"扩散"是指向四方的开拓，以西周的分封制为标志，使"中国"的地域范围不断向外扩张。

一、频频变迁——夏人的迁移历史与"中国"的形成

夏朝是中国历史上第一个王朝。夏王朝的创始者是大禹，相传他是颛顼帝的孙子。

上编 浮光掠影——中国历史上波澜壮阔的移民活动

大禹最伟大的功业是治理洪水。远古时期洪水横流，泛滥天下，百姓悲苦，生灵涂炭。为救黎民于水火，大禹劳身焦思，在外奔波13年，三过家门而不入，"开九州，通九道，陂九泽，度九山"，终于治理好水患，造福万民。由于大禹的卓越功绩，舜帝将他封在阳翟（今河南省禹州市），称夏伯。当舜帝晚年的时候，将帝位禅让给了大禹。

传说中夏朝的都城不止一个，《帝王世纪》中说："(禹)受禅都平阳，或在安邑，或在晋阳。"安邑是夏朝最著名的都城之一，在今山西省南部运城市夏县西北。"禹都安邑"与"尧都平阳""舜都蒲坂"一样，是夏朝都城最通行的说法之一。晋阳在今山西太原市西南古城营，《太平寰宇记》称"禹自安邑都晋阳"。

文献记载的夏王朝最边远的都城是会稽。相传大禹即位10年后，东向巡狩，行到会稽去世，于是葬在当地。魏晋时代的史籍《皇览》记载："禹冢在山阴县会稽山上。"通常认为此会稽山就在今浙江绍兴市境内。

在《竹书纪年》中，夏朝历代帝王居住过的首都有6个之多：第一个是阳城，在今河南省登封市告成镇。"禹都阳城"是关于夏代都城另一种通行的说法。第二个是斟寻，在今河南省巩义市西南。第三个是帝丘，在今河南省濮阳县西。第四个是原，在今河南省济源市西北。第五个是老丘，在今河南省开封市东南。第六个是西河，在今河南省安阳市内黄县东南。

都城往往是一个王朝的核心区域，是全国人口最多、最集中的地方，都城的变迁必然伴随王朝政治中心的转移和规模可观的人口流动。文献记载中的夏朝都城的迁徙历程，也向我们展现了夏人的迁徙轨迹。不难看到，夏朝都城迁移的地理跨度并不是很大，主要分布在今天山西省的南部和河南省的大部。而这些区域就是我们常说的"中国"最早的轮廓。"当禹之时，天下万国"，在天下万国之中，"中国"是处于核心的邦国。没有中国，就无所谓"四海"。夏王朝作为当时最强盛的部落联盟集团，其都城的变化转换，画出了"中国"地理的方圆，从此，兼具地理和民族意义的"中国"概念逐渐形成。

知识链接

夏桀被逐南巢

夏桀是夏朝的最后一位国君，也是历史上有名的暴君。公元前1600年，商部落的领袖商汤起兵伐桀，两国军队决战于鸣条（今山西省安邑），夏桀败走，被放逐于南巢（今安徽省巢湖）。夏朝灭亡后，其后裔向四周迁徙开来：一部分向西迁徙，和戎狄杂居；一部分向北迁徙，逐渐融入了北方的游牧民族；还有一部分留在了中原地区，被商朝分封在杞国。

二、前八后五，不常厥土——殷人的迁徙轨迹

殷商最重要的人口迁移也是伴随都城的迁徙。关于商人的迁徙，汉代著名文学家张衡在其所著的《西京赋》中有一个很经典的说法："殷人屡迁，前八后五，居相圯耿，不常厥土。"所谓的"前八"是指先商时期的八次迁徙，"后五"指的是早商时期的五次迁徙。

殷商的始祖名叫契，因为协助夏治理水患有功，被封于商（今河南省商丘市）。文献记载，商人从始祖契开始至商汤建国以前的400多年间，共进行了八次较大规模的迁徙。《史记·殷本纪》中说"自契至汤八迁"。据学者考证，这八次迁徙分别是指：契自亳（今河南省商

丘市）迁居蕃（今山东省滕州市）；契之子昭明自蕃迁居砥石（今河北省泜水流域），又自砥石迁居商；昭明之子相土东迁泰山下后复迁商丘；上甲微迁至殷（今河南省安阳市）又复迁至商丘；成汤始居亳。

成汤时期殷商逐渐强大起来。公元前1600年，成汤灭夏，殷商进入王国时代。从成汤到盘庚，商朝的国都又经过了五次迁移：仲丁迁于隞（今河南省郑州市），河亶甲迁于相（今河南省安阳市内黄县），祖乙迁于邢（今山西省河津市），南庚迁于奄（今山东省曲阜市），盘庚迁于殷（今河南省安阳市小屯村）。盘庚迁殷以后，一直到商王朝覆灭，再也没有迁过都城。

分析殷商的这十三次迁徙，殷商的迁徙次数明显更多。从经济形态上来讲，商族先民的不断迁徙，正是他们处于游农经济阶段的表现。所谓游农，就是以非定居的农耕生活为主，因为先商时期的生产力比较低下，耕作方式也更粗放，所以当一地的地力用尽之后就需要更换新的土地。于是，先商不得不经常迁徙。而商朝已进入定居的农业社会，结合卜辞中有关农业生产的记载，可以看出，这时的农业比先商时期有了巨大的发展，土地的利用问题不再是商人迁徙的主要因素，因此商人的迁徙频率大大降低。

政治和军事因素也是商朝不断迁都的一个重要原因。在殷商时期，商族就受到北方游牧民族的侵扰。到了商代，周边的方国部落众多，"淮夷""徐夷""班方"等时常扰乱边境，对殷商构成了极大的威胁，远离外族侵扰便成为殷商迁徙的一个重要原因。

殷商屡迁还受到气候变化的影响。在距今6000年至3000年，商人的居留地出现了连续降温，气候寒冷，干旱频发，导致以游牧和农业为主的商族无法生存，只好向东南方向移动。

应该说，从契至成汤的八次迁徙，从汤到盘庚的五次迁徙，是商族为了谋求发展空间，或者由于自然原因，或者由于政治原因而进行的整个部族的迁徙和统治中心的转移。

从成汤建国后的五次迁都地点来看，大体可以看出商代的统治中心大致在今天河南、河北、山东三省交界地带。随着商朝的兴起，这一大片地区也进入了"中国"的范畴。

三、百姓由宁，殷道复兴——盘庚迁殷

在殷人的迁徙史上，最重要、最著名、最有影响的无疑是"盘庚迁殷"了。

盘庚是商汤的第九代孙子，商朝的第二十位国王。他即位时，商朝的都城在奄。此时，商朝统治面临崩溃的危机。

商朝初期，天下尚属太平，越到后来，天下的局势越混乱。究其原因，主要是王位继承之争。

商朝中前期，王位继承采取的是兄终弟及与父死子继，但以兄终弟及为主。也就是说，哥哥死了，王位由弟弟继承，直到最小的弟弟死后，王位才能由下一代人继承。这只是个粗略的制度，至于王位如何从上一辈传给下一辈人，没有详细的规定。王族们为了能够继位就相互争斗，连着九代朝廷混乱，史称"九世之乱"。这种长期的纷争混乱局面，大大地削弱了商朝的统治，一些小国趁机摆脱商朝的统治，国内的奴隶也纷纷起来反抗，使得商朝难以维持下去。当王位传到盘庚时，他决心力挽商朝的颓势，于是决定把都城从奄迁到殷。

殷地位于黄河之北，从经济角度看，这里远离水涝较多的泗水流域，土壤肥沃，水资源充足，便于农业生产；从政治角度看，离旧都

比较远，可以避开危险的反叛势力，缓和统治阶级内部的矛盾，摆脱争夺王位的混乱局面；而就战略而言，可以更好地防御北方和西北地区各方国的侵扰。

但是，盘庚迁徙的决定招致了贵族和百姓的反对。迁徙，不仅仅是艰辛的跋涉，更意味着放弃原有的不动产，而迁到一个新的地方，一切都要重新开始，这一切又谈何容易！尤其是对百姓来说，国都的频繁迁徙给他们带来了苦难，生产屡遭破坏，生活无法安宁。因此，盘庚的迁徙之举受到了来自"殷民"的强大阻力。为了顺利迁都，盘庚将臣民们召集起来，向他们发表了训词，留下了中国历史上第一篇为迁都而记录下来的文献，即今文《尚书》中保留的《盘庚》三篇。这篇文献相当翔实地记载了盘庚迁都前后劝导殷民的情况，其主要内容如下：

上天降祸给我们，使我们不能在自己的住处继续生活下去，先王为了国家和人民的利益，只得四处迁徙寻找新的安身之处。现在我遵从上天和臣民的意向，要把都城迁到殷去，让你们在那里建设美好的家园，过上安定幸福的日子。你们应当体谅我的苦衷。……

盘庚想方设法说服了臣民，共同渡过洹水南迁到殷，"殷"就是今天河南省安阳市西北的小屯村，从此商朝也被称为殷朝。

盘庚迁殷是商朝历史上一个重要的转折点，迁都后，商朝的发展迎来了一个新的繁盛时期。《史记·殷本纪》称赞道："盘庚行汤之政，然后百姓由宁，殷道复兴。诸侯来朝，以其遵成汤之德也。"盘庚迁殷也使商朝的都城由不断迁徙变为稳定，在以后的两百多年里，商朝基本没有再迁都。

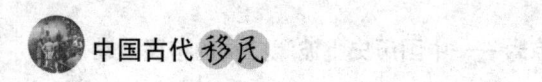

四、居豳迁岐——周王族的兴起和发展

周王族的兴起和发展，同样伴随激荡人心的迁徙历程。

周王族的祖先是远古英雄人物后稷，因善于耕作而被尧帝任命为农师，播种百谷，教民耕稼。后稷的封地在邰城（今陕西省武功县西南），邰城便是周王族最早的聚居地。后稷死后，其子不窋承袭父职做了农师，当时正值夏朝君主太康时期，太康失德，诸侯叛乱，国家动荡，不窋遂丢掉官职，带领族人从邰地逃奔到数百里外的戎狄之地（今甘肃省庆阳市一带）。当其孙公刘为部族首领时，复修后稷之业，大力发展农耕，使"行者有资，居者有蓄积，民赖其庆"，周部族逐渐富强起来，受到了当地人的尊崇和爱戴，周边人民也纷纷向周族聚居区汇聚，史称"周道之兴自此始"。

公刘率领部族迁徙到豳地，为周王族的繁荣发展奠定了基础。豳地位于泾水中游，在今陕西咸阳旬邑县境内。从邰地迁移到豳地，本身就是一个漫长而艰辛的创业过程。《诗经·大雅·公刘》一诗中生动地描绘了公刘率众迁移豳地以后开疆创业的历史进程：

……

笃公刘，于胥斯原。既庶既繁，既顺乃宣，而无永叹。陟则在巘，复降在原。……

笃公刘，逝彼百泉，瞻彼溥原，延陟南冈，乃觏于京。京师之野，于时处处，于时庐旅。……

笃公刘，既溥既长，既景迺冈，相其阴阳，观其流泉。其军三单，度其隰原，彻田为粮。度其夕阳，豳居允荒。

笃公刘，于豳斯馆。涉渭为乱，取厉取锻。……

可以看到，夏商时期人们对于居留地环境的选择已经有了相当周全的考虑，不仅关注耕地的广狭、水源的位置、地势的走向，而且也考虑到物产等因素，这无疑是长期迁徙经历所积累的宝贵经验。

公刘死后，他的儿子庆节即位，庆节在豳地建立起新的邦国，此时的"豳国"在风俗上还完全是一个"戎狄之国"。周族在豳地居住了九代，到了古公亶父时，为摆脱周围戎狄部族的攻击掠夺，就离开了豳地，迁移到岐山下的周原（今陕西省岐山县）。

从豳地迁徙到周原，是周王族早期历史上的又一次重要迁徙，使周族脱离了戎狄风俗的羁绊，开始营筑城郭，从此结束了迁徙不定的生活方式。《史记·周本纪》中描绘了这次迁徙的前因后果。

古公亶父复修后稷、公刘之业，积德行义，国人皆戴之。薰育戎狄攻之，欲得财物，予之。已复攻，欲得地与民。民皆怒，欲战。古公曰："有民立君，将以利之。今戎狄所为攻战，以吾地与民。民之在我，与其在彼，何异。民欲以我故战，杀人父子而君之，予不忍为。"乃与私属遂去豳，度漆、沮，逾梁山，止于岐下。豳人举国扶老携弱，尽复归古公于岐下。及他旁国闻古公仁，亦多归之。于是古公乃贬戎狄之俗，而营筑城郭室屋，而邑别居之。

面对戎狄咄咄逼人的攻势，为了避免族人在斗争中流血牺牲，古公亶父采取了宽容避让的态度，他带领近亲私属一群人像他的祖先不窋一样主动离开豳地，跋山涉水来到岐山南麓的周原定居下来。豳地的百姓听说了古公亶父外迁的消息，也都扶老携幼追到了这里。

迁居岐山以南的周原，被视为周王族及周国真正崛起的标志。从此，周原这块广袤、肥沃的土地成为周王朝的发祥地，岐山也成为周国人民心目中的神圣之地。

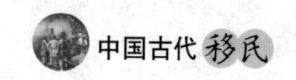

五、裂地分民封诸侯——西周建立与周人的扩散迁移

周族经过历代先王的励精图治，势力日益增强，到了古公亶父之孙周文王姬昌统治时期，已经变得十分强大。而此时位于东方的商王朝却国力大减，日益衰败。为了便于向东发展，进攻商王朝，周文王将都城从周原迁到了丰京（在今陕西省西安市长安区西南沣河西岸）。周文王迁都后不久就因病去世，他的儿子周武王继承了他的事业。公元前1046年，周武王起兵讨伐商朝，在牧野之战中取得最终的胜利，终结了殷商王朝的历史。随后，周武王建立周朝，把都城迁到了镐京（在今陕西省西安市长安区西南沣水东岸），史称西周。

为了巩固周朝的统治，周武王为首的周朝统治者实施了空前的大分封。《史记·周本纪》对此做了详细描述。

> 武王追思先圣王，乃褒封神农之后于焦，黄帝之后于祝，帝尧之后于蓟，帝舜之后于陈，大禹之后于杞。于是封功臣谋士，而师尚父为首封。封尚父于营丘，曰齐；封弟周公旦于曲阜，曰鲁；封召公奭于燕，封弟叔鲜于管，弟叔度于蔡……

周武王分封的对象主要是王室成员、有功之臣和古代先王圣贤的后代，把他们分封到各地做诸侯，建立诸侯国。伴随大分封而来的，是一次次数量不小的移民运动。因为除了就地分封的诸侯国外，其他建诸侯国的地方原来都不是周朝的疆土，要顺利地使当地人民让出自己的土地或者接受诸侯的统治，没有一定的人力为后盾是无法实现的。而如果封地属于从未开垦的土地，也需要有一定数量的人口才能开发利用。可以说，受封的周王子弟宗族和功臣的诸侯国是名副其实的一支支移民队伍，周朝的大分封意味着周人从中原向四方的辐射性外迁。

周武王时受封的"姬姓诸侯"达四十人，多分布在河北、河南、山西一带，主要包括：

召公奭，被封在燕地，即今河北北部和辽宁西部，国都蓟（今北京城西南隅）。

武王弟叔鲜，被分封在管地，在今河南省郑州市一带，国都管（今河南省郑州市）。武王弟叔度，被分封在蔡地，在今河南境内，后改封今上蔡县一带，国都上蔡（今河南省驻马店市上蔡县西南）。武王弟武（霍叔），被分封在霍（今山西省霍州市西）。武王弟封（康叔），被分封在康（今河南省禹州市西北）。武王弟叔振铎，被分封在曹（今山东省菏泽市定陶区西南）。周章（仲雍曾孙）之弟虞仲，被分封在虞（今山西省运城市平陆县东）。

武王死后，其子成王诵继位，周公旦摄政。武王弟管叔、蔡叔联合商纣王之子武庚发动叛乱，即历史上有名的"三监之乱"。周公旦平定叛乱后，周王朝重新实行了大分封，"立七十一国，姬姓独居五十三人焉"，一部分参与叛乱的商朝遗民也被分封给了诸侯，随周人迁入新的封地。当时受封的诸侯主要有：

周公之子伯禽，被分封在鲁，在今山东西南一带，国都曲阜。

吕尚，被分封在齐，在今山东北部，国都营丘（淄博东北）。

康叔，由康地改封卫地，在今河南北部，国都朝歌（今淇县）。

成王弟唐叔虞，被分封在晋地，在今山西西南，国都唐（今翼城县西）。

商纣王异母兄微子开，被分封在宋，跨今河南东部和江苏、安徽、山东之间一带，国都商丘（今河南省商丘市南）。

以上这些诸侯都是始封时由其他地方迁入的，除了齐、宋外都是周人的宗族，所以这是周人扩散性迁移所达到的大致范围。

成王之后，西周还有一些零星的分封，规模都不是很大，而且各诸侯国还在不断地扩张或迁移。

总的来看，通过对鲁、齐、燕、卫、宋等国的分封，西周王朝加强了统治，边远地区得到开发，使西周巩固了疆土，扩大了统治区域，成为一个强盛的国家。

六、王权落幕不复归——周平王东迁洛邑

西周晚期，社会动荡不安，阶级矛盾加剧，叛乱入侵之事时有发生，使西周王朝处于内忧外患的风雨飘摇之中。公元前782年，西周的最后一位君主周幽王即位。幽王昏庸无道，宠幸褒姒，为了博褒姒一笑，烽火戏诸侯，失信于诸侯。后来，他又废掉王后申氏和太子宜臼，改立褒姒为后，还以褒姒之子伯服为太子。申氏的父亲申侯非常恼怒，于是与犬戎联合攻到了镐京。幽王见大势不妙，立即派人点燃烽火。诸侯以为这又是一场帝王的游戏，因此都按兵不动。犬戎攻进镐京，杀死幽王，将宫室洗劫一空后扬长而去。至此，建国两百余年的西周王朝结束了。

各路诸侯进入镐京，拥立废太子宜臼为天子，即周平王。周平王即位时，镐京已经残破不堪。幽王的暴政、连年的干旱、犬戎的抢掠，使这里受到严重的破坏，到处断壁残垣，一片荒凉。而且西方的犬戎十分强大，虎视眈眈，时刻威胁着周朝的安危。面对严峻的形势，平王萌生了把都城往东迁到洛邑（今河南洛阳）的念头。洛邑是西周的陪都，经济发达，基础设施完善，附近又有晋、郑、卫等诸侯拱卫，正是作为都城的理想地方。但是，平王没有力量搬迁，只有求助于诸

侯。于是，在晋、郑、秦等诸侯国的支持下，公元前 770 年，平王率领王室贵族正式迁都洛邑，由此揭开了东周的历史。

平王东迁是周人由关中平原向伊洛平原做的最大的也是最后一次迁移。在这次迁移过程中，绝大部分周人东迁，只有少数支族留守原地。如在今陕西宝鸡一带的西虢国，西周灭亡后，它的一个支族并未迁走，而是建立小虢国，直到公元前 687 年被秦武公所灭。至于岐山以西的周王室故地，则被赐给了秦国，这块土地当时被戎人占领，后来秦人将其收入了囊中。

平王东迁后，周人在伊洛平原定居下来，周王朝在洛邑又绵延了 500 年之久，可见平王东迁具有深远的影响，确实是明智之举。但是，周王室遭犬戎之乱而东迁，国力衰微已是不争的事实。

平王东迁洛邑，丧失了在关中地区的广阔土地，周王室所拥有的领土范围，东不到荥阳，西不过潼关，南不越汝水，北不过沁水，仅有六百多平方公里，力量不足以控制整个王朝，对诸侯渐渐失去了实际号令权。随着时间的推移，王室的土地或被封赏给有功诸侯、王室贵族，或被外部侵夺，控制范围越来越小，最后只剩下洛邑周围方圆不足二百里的地方。

王室能够控制的地盘和人口越来越少，经济实力大大下降。加上军事力量薄弱，没有诸侯国的救护就不能自保，所以周王室的地位一落千丈，丧失了往日的气魄和威望。诸侯对天子的朝聘、贡献大大减少，王室财政越来越拮据，甚至要依赖诸侯的资助。从此，"礼乐征伐自天子出"的社会政治秩序被打破，变成"礼乐征伐自诸侯出"。

到了春秋中期以后，周王室更是名存实亡，沦落到还不如一个诸侯国的地步。有的小诸侯不是朝见周天子，而是朝见称霸的大诸侯，

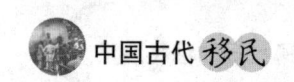

从过去向周天子纳贡、朝聘,转为向诸侯霸主朝聘、贡献。据史书记载,在春秋年间,鲁国共朝见齐国四十次,朝见晋国三十三次,而朝见周天子只有七次,两相对比,可见在诸侯眼里,周天子已经不是至尊至上的天下共主了。

> **知识链接**
>
> ### 从塞内到塞外:戎狄的北迁
>
> 戎狄是先秦时期华夏部落对西方、北方等地部落的统称。西周和春秋前期,戎狄主要分布在长城以内的黄河中下游流域。西周初年,西北一带时有侵扰,周穆王征犬戎后,曾迁戎于太原(大致在泾水下游);周宣王也曾征伐太原之戎。伊洛流域的戎人相当众多,有杨拒之戎、陆浑之戎、茅戎等部落。渭水下游也曾居住过许多戎人,如彭戏氏、大荔之戎。甘肃天水一带有冀戎、义渠等多种戎人。河北北部燕山地区分布有山戎。进入春秋中期以后,一部分戎狄在华夏地区长期定居,被华夏族融合、同化,逐渐成为华夏的一部分。另一部分戎狄则在燕、赵等国的驱逐下向北迁移,各诸侯国修筑长城就是为了防止他们卷土重来。

第三节 开拓与兼并——东周列国的迁移历程

周王朝以分封领地的方式建立起众多的邦国,这些诸侯国和原有的方国主要分布在南方的长江流域和北方的黄河流域。在生产力不是很发达的先秦时代,无论南方、北方,自然地理条件都差得多,因此在开发初期移民进程十分艰苦。而随着生产力的发展，经济水平的提高，越来越多的土地得到开发利用，诸侯国内部的移民也更加频繁。进入春秋战国以后，诸侯间为了争夺人口和土地常常爆发激烈而残酷的战争，生存下来的诸侯国不断扩张，其人口也在不断迁移。可以说，东周列国的人口迁移史就是一段土地开拓与兼并的历史。

一、筚路蓝缕的征程——南方诸国的开发与迁徙

先秦时期的南方并不是当时的统治中心所在，在没有得到开发前，大多数地方还是榛莽未辟、地广人稀，因此南方诸国的开发历史充满了艰辛。

（一）楚国

楚是南方大国，相传楚国的祖先是颛顼高阳氏和帝喾的火正祝融氏，但其实楚国的始祖是住在荆山（今湖北省西部、汉江西岸）的荆蛮，名叫鬻熊。鬻熊的曾孙熊绎在周成王时得到了周朝的承认，被封为子爵，封地在楚，国都丹阳（湖北秭归东南）。当时的楚国是一个方圆仅有五十里的小国，领土还是未经开垦的深山丛林，物产和人口稀少，楚王乘柴车、穿破衣以开辟荆山，跋山涉水向周天子进贡。

楚武王（前740—前690年在位）时，楚国的疆域扩大到长江中游。楚人的主体也沿着长江向下游迁移，由山区进入平原。武王之子熊赀即位后，将都城迁到了郢（湖北江陵西北纪南城）。以后楚国的领土继续扩张，到了楚庄王称霸中原时，"并国二十六，开地三千里"。在开疆拓土的过程中，楚国不仅增加了被占领国的人口，本国的人口也扩散到新的领土内。此外，楚国还将被占领国的人口迁往本国内地，或在本国内部实施移民。如楚灵王七年（前534年），将国内的流亡人

口迁移到章华台（楚国离宫，在今湖北潜江龙湾镇）。

战国后期，楚国逐渐由繁荣走向衰落，疆土范围也日渐缩小。公元前278年，秦军攻陷楚国都城郢，楚都迁至陈（今河南省周口市淮阳区），公元前253年又迁至钜阳（今安徽省阜阳市北），公元前241年再迁到寿春（今安徽省淮南市寿县）。短短三十年迁都三次，楚国的大量人口由长江中游迁到了淮河中游。

楚人另一次规模较大、影响深远的移民发生在公元前279年左右。当年，楚顷襄王派将领庄蹻率军进入西南一带，经过沅水，攻克在今贵州都匀、黄定一带的且兰国，又征服了在今贵州西部的夜郎国，一直攻打到滇池一带。后来秦军断其归路，庄蹻归路不畅，便"以其众王滇，变服，从其俗以长之"，做了当地的滇王，都城设在今昆明晋宁一带。这次移民带去了较先进的文化，打破了西南地区的封闭状态，拉开了古代云贵高原开发的序幕，同时也促进了长江中游地区和西南边境之间的联系与交流。

（二）吴、越

先秦时期，通常把生活在太湖流域的民众称为吴人和越人。西周以前，太湖流域的吴人和越人开始分别建立起国家。

据说吴国的始祖是来自中原的周人。《史记·吴太伯世家》记载了"太伯奔吴"的传说。太伯，是周太王古公亶父的长子。相传古公亶父生了三个儿子，大儿子太伯，二儿子仲雍，三儿子季历。季历即周文王姬昌的父亲，周文王从小就显露出才干，古公亶父很希望把王位传给这个小孙子。为了成全父亲的愿望，太伯和仲雍相约逃到了"荆蛮"之地，"文身断发"，学习当地人的生活习惯和生产技能。而随着他们的南迁，中原地区先进的生产技术和文化也被带到了当地，太伯和仲雍因此被奉为领袖，后来建国勾吴，成为吴文化的鼻祖。周武王建立西周以后，将太伯和仲雍的后裔周章分封在吴地，吴国成为周王朝的诸侯国。

吴国的都城最初设在蕃离（在今江苏省无锡市东南），后来迁到吴（今江苏省苏州市）。公元前506年，吴王阖闾一度击败楚国，攻入郢都。其子夫差即位后又攻入越国，并北上与晋国争霸，势力范围达到淮河流域和今山东南部。公元前473年为越国所灭。

越人建国始于大禹的后裔无余。相传大禹死后葬在了越地，夏后帝少康怕禹迹宗庙祭祀断绝，便将庶子无余封到于越（今浙江省绍兴市一带），无余就是越国的始祖。

无余统治时期，越人的生活区域主要在山区，《吴越春秋》称"人民山居"，耕地狭小，只有"鸟田之利"，要靠捕猎补充食物，可见当时还处于半游牧半农耕的阶段。

无余之后又传承了二十余世，直到越王允常即位称王，越国才逐渐变得强大，都城从山中迁到了埤中（今浙江省诸暨市东北）。越王勾践时，将都城建在会稽（今浙江省绍兴市），屡次与吴国交战。灭吴后，勾践又迁都琅琊（在今山东省青岛市市内），后因国势渐衰，都城又迁回吴。约公元前306年为楚国所灭。

从吴、越两国的兴衰历程可以看到，越人的移民足迹最北抵达淮河流域和今山东南部。越国将国都迁回吴地时，必然伴随大量越人的南迁，也有一部分越人散居在江淮之间。

《越绝书》中记载吴越争霸时还提到了越人的一支——外越。"句践徙治山北，引属东海，内、外越别封削焉。"外越是相对于大陆的越人而言的，一般认为外越即分布在今舟山群岛等近海岛屿上的越人。

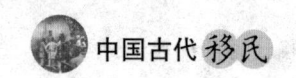

还有人认为外越是指今台湾、澎湖列岛上的越人。

（三）巴国

巴国是巴人在长江上游建立的国家，在今四川东部。巴人最初发祥于清江流域，后来迁移到了夷城。西周以前，由于人口的增加和疆域的扩大，巴人逐渐向西迁移，由夷城迁到了江州（在今重庆市），建立了巴国。武王灭商后，巴国因伐纣有功被封为子国，称巴子国。

春秋时期，巴国一度十分强盛，与楚国争雄于南方，实力超过楚国，甚至征服了蜀国，极盛时的疆域囊括了今四川盆地的大部，北至秦岭，南达贵州中部，东到湖北西部。战国时代，巴国的实力逐渐削弱，在与楚国的战争中步步败退，大片领土被蚕食，国都也频频迁徙。公元前316年，巴国为秦国所灭。

在巴国兴衰的漫长过程中，巴人的主体从今湖北西部迁入四川东部，一部分又向北迁移到汉中盆地。以后留在阆中（今阆中，在四川盆地东部）和汉中一带的巴人被称为"板楯蛮"。没有西迁的巴人，一部分向南迁移进入湖南西部，成为"武陵蛮"；另一部分向东迁移进入湖北东部，到东汉时被称为"江夏蛮"。

（四）蜀国

蜀国是西周时期蜀人在今四川盆地建立的国家，从蚕丛氏称王开始，历经蚕丛、柏濩、鱼凫、杜宇、开明五个氏族的统治。开明氏即位后，都城由今郫都迁到成都。公元前316年，蜀国为秦国所灭。

蜀人的发展历史也伴随迁移的过程，但迁移的距离都不是很远。如蜀人最早开发的地域是今雅安一带，然后才进入成都平原。而在蜀国灭亡以后，蜀人却进行了一次影响深远的长途迁移。

秦国灭亡蜀国后,贬蜀王为蜀侯,继续统治蜀国。不甘亡国的蜀人不断拥护蜀侯叛秦,秦国连杀三位蜀侯,又"移秦民万家以实之",才终于平定了蜀地叛乱。开明氏的后裔见复国无望,只好率众南迁。他们从雅安出发,渡江到达今云南姚安一带,其中一部分人居留下来,另一部分人则继续南迁,一路辗转来到今越南北部,击败当地的首领,建立了安阳国(又称瓯雒国)。据估算,南迁至今越南境内的蜀人至少有六万人,在安阳国人口中占了一半左右。

公元前180年,安阳国为南越所灭,安阳王出逃,其族人大多没有跟随迁移,成了南越人的一部分。

纵观南方诸国的人口迁移和发展历史,移民活动都是随着土地的开发和经济的发展而进行的,虽然迁移的距离漫长,开发的过程缓慢,但正是在往来不绝的迁移中促进了历史进步,使民族融合的步伐加快!

二、你方唱罢我登场——北方诸国的兴亡迁移

夏商周时期,中国的政治、经济、文化中心都在今中原地区,因此北方的诸侯国不少。进入春秋战国以后,随着天子衰微,王权下移,诸侯逐渐崛起,争霸中原,各国之间的战争此起彼伏,其人口也在不断迁移。与南方诸国相比,北方诸国的人口迁移更频繁也更复杂。

(一)卫国

卫国是周朝的姬姓诸侯国之一,领土位于春秋时期最重要、最繁华的河、淇地带,大致在今河南北部和河北南部。卫国与戎狄为邻,又地处晋、齐两国进军中原和楚国北上的要道,因此数百年间不得安宁,迁徙频繁。

卫国最初定都朝歌（今河南省鹤壁市淇县），是控制商朝旧地、拱卫王室的诸侯之长。西周末年，卫国一度强盛，曾出兵助周王室平戎。进入东周以后，卫国由于内战频繁而衰弱，到了公元前660年为狄人所破，"卫之遗民男女七百有三人"及共、滕二邑共约五千人，拥立戴公迁到曹（今河南省安阳市滑县东）。后在齐桓公帮助下迁到楚丘（今河南省安阳市滑县东、曹以东），重新建国，从此沦为小国。不久，为避狄人侵扰，又将都城迁至帝丘（今河南省濮阳市西南）。公元前254年，卫国被魏国兼并，成为其附庸。后来秦国攻打魏国，把卫国原有的濮阳一带归入东郡，将卫国国君迁到野王（今河南省沁阳市），卫国又成了秦国的附庸，直到公元前209年，卫国为秦二世所灭。卫国的迁移范围不大，皆在今河南省内。

（二）晋国

晋国是周武王之子唐叔虞的封国，在今山西省西南部。晋国最初在唐（今山西省临汾市翼城县西）建立都城，不久迁到了翼（山西省临汾市翼城县东南）。因为唐和翼都位于浍河上游的中条山脉之间，开发的余地很小，所以晋人便沿浍河向下游迁移，进入汾河谷地。接着晋人又向南迁到涑水河谷，并沿着汾水下游和涑水河谷移民扩散，汾、浍之间逐渐成为晋国主要的人口所在地。到了晋景公时，晋人已经扩展到今山西中北部。

（三）赵国

赵国的始祖在西周穆王时被封在赵城（今山西省临汾市洪洞县北赵城），到了西周末年，赵国归附晋国，成为晋的属国。晋献公时赵迁居于耿（今山西省河津市），晋文公时再迁到原（今河南省济源市）。

公元前497年，赵开始以晋阳（今山西省太原市）为基地，后又迁都中牟（今河南省鹤壁市）。三家分晋（前453年）以后，于公元前403年建都晋阳，几十年后迁都邯郸（今河北省邯郸市）。赵武灵王即位后，实行胡服骑射，赵国国力大增，先后灭掉中山国、代国，将其纳入赵国版图，并迁入移民进行开发。公元前228年，秦国攻破赵国邯郸，赵王迁被俘。赵国贵族奔逃代地，拥立赵公子嘉为王。六年后，秦军向代进军，代地被秦攻破，赵国灭亡，一部分代王宗族被迁往关中秦地。

（四）魏国

魏国最初是周成王分封的诸侯国，公元前661年为晋国所灭，晋献公将魏地（今山西芮城县北）赐给毕万，毕万改毕氏为魏氏。后来，魏氏先后迁至霍（今山西省霍州市西南）、安邑（今山西省运城市夏县西北）。三家分晋后，魏氏自立为诸侯，建立魏国，定都安邑。魏惠文王（前369—前319年在位）前期迁都大梁（今河南省开封市）。公元前225年，魏国为秦国所灭。

（五）韩国

韩国位于中原的核心地带，地处秦、楚、魏三大强国之间，是连接各国交通的要道，国内和国外的人口流动都比较频繁。韩国的祖先韩武子是晋国的大夫，因功得封于韩原（今山西省河津市东北），后又迁居平阳、宜阳（今河南省洛阳市宜阳县）。三家分晋后，公元前403年成为诸侯国，建都阳翟（今河南省禹州市）。公元前375年，韩国灭郑，将都城迁到新郑（今河南省新郑市）。公元前230年，韩国被秦国消灭。

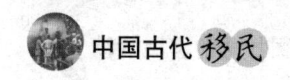

（六）燕国

燕国是周文王的儿子召公奭的封地，其疆域最初在今北京房山一带。公元前 7 世纪，燕国积极向冀北、辽西扩张，吞并蓟国后，建都于蓟（在今北京市西南）。燕昭王时，燕国达到鼎盛时期，北部疆界扩展到今内蒙古东南、辽东半岛和朝鲜半岛西端，燕国人也随之移民并开发。公元前 226 年，燕亡于秦，燕王喜率宗室迁入辽东。

（七）齐国

西周初年，周武王封军师吕尚于齐，史称吕氏齐国，简称吕齐。春秋末期，吕齐衰落，田氏取而代之，史称田氏齐国，简称田齐。齐国疆域最初只在今山东北部，齐灵公灭莱后，部分齐人迁入山东东部。后扩张至山东省大部、河北省南部。除胡公时短暂定都蒲姑（今山东省滨州市博兴县东南）外，其都城基本位于营丘（后改名临淄，在今山东省淄博市东北）。

（八）秦国

秦人的祖先是传说中的五帝之一颛顼的后裔。相传颛顼的孙女女修因误吞玄鸟蛋而生子大业，大业的儿子大费协助大禹治水有功，被舜帝赐姓嬴氏。商代时，嬴氏部落的一部分西迁进入关陇，与戎人杂居错处。至西周孝王（约公元前 890 年）时，其首领非子养马有功被封于秦（今甘肃省天水市清水县秦亭附近）。至此，这支嬴氏部落才正式称为"秦人"。西周末年，犬戎之祸发生，秦襄公率兵援助周王室，后又护送周平王东迁洛邑，由此秦被封为诸侯，秦国正式建立。

秦国的都城屡有迁移，曾先后定都平阳（今陕西省宝鸡市陈仓区）、雍（今陕西省宝鸡市凤翔区）、栎阳（今陕西省西安市临潼区北渭水北岸)、咸阳(今陕西省咸阳市西北窑店东)。总体来看,秦国的都城大致是由西向东、由陇东高原向渭水下游迁移,这也是秦人主体迁移的规律。

在疆土扩张的过程中,秦国的人口也在不断变动,或以强制的手段将别国人口迁入本国,或将本国人口大量迁入新的占领区域。如公元前316年秦惠文王灭蜀后,曾将万户人口、四五万人迁入蜀地。此外,秦国还开始实行奖励、招募移民的举措,以及罪犯徙边的政策。

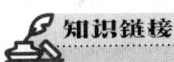

知识链接

人才的跨国流动

春秋战国是人才辈出的时代,百花齐放,百家争鸣。当时人才的跨国流动主要有两种类型:一种是学术人才为传播自己的学说或者求学,来往于各国之间或定居他国,如孔子晚年带领弟子离开故乡鲁国,开始周游列国的旅程,先后到达卫国、曹国、宋国、郑国、陈国、蔡国、楚国等国家,向诸侯推行自己的政治主张。另一种是政治人才的跨国转移,如孙武是齐人,伍子胥是楚人,均在吴国得到重用;商鞅是卫国人,张仪是魏国人,李斯是楚国人,均成为秦国的大臣。

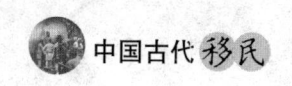

第二章 大移民时代——从秦汉到魏晋南北朝的人口流动

自秦汉以后到魏晋南北朝时期，中国古代移民进入一个新的历史阶段，人口迁移更加频繁，迁移的动因更加复杂，迁移的规模更加浩大……可以说这一时期是一个大移民的时代。

这一阶段的移民主要有三种类型：一种是统治阶级实施的强制性移民，另一种是周边少数民族的迁徙活动，还有一种是中原汉族自发性的迁移活动。在秦汉时期，强制性移民占据主导；汉末魏晋则是以周边民族的迁徙为主；晋末南北朝主要是汉族人的南迁。

第一节 皇权下的人口迁徙——政治与军事移民

政治性移民和军事性移民是中国古代两种常见的移民形式，都属于皇权支配的强制性移民。政治性移民是指出于政治目的，运用政治手段强制或鼓励百姓从原住地迁往指定地点居住；军事性移民是指由于大规模的军事行动而产生的人口迁徙活动。秦汉时期的"实关中"、移民戍边，北魏时期的"移民实京"，都是政治与军事移民的典型。

一、充实首都——秦汉对关中地区的移民

公元前221年,秦始皇消灭六国,建立起统一的中央集权的封建国家——秦朝,接着开始施行"实关中"的移民举措。关中,是指今陕西关中平原及其周围的少部分地区。这里是秦、汉两大王朝的首都所在地。秦朝和西汉初年,关中地区经济文化还很落后,人口也很稀少,因此统治者实行"实关中"政策,通过向关中地区大规模移民,来增加首都的人口和经济实力,进而巩固政权,加强中央对地方的控制。

秦始皇统一六国的当年,就实行了一次大规模的移民,"徙天下豪富于咸阳十二万户",大概有六十万口。这次移民主要源于人口稠密、经济文化发达的关东地区。

到了公元前212年,秦始皇感到咸阳人口太多而宫殿太小,于是从咸阳迁出八万家,其中三万家迁往丽邑(今陕西省西安市临潼区西北),五万家迁往云阳(今陕西省咸阳市淳化县)。秦始皇这样决策是有他的考量的。丽邑是秦始皇的陵墓所在地,向这里移民,既可以减小咸阳的人口压力,又能够在陵墓附近形成一座新的城池,一举两得。而云阳地处关中通往北部的交通要道,又是秦始皇规划的首都的北缘,因此成为理想的人口迁入地。

遗憾的是,秦王朝仅历二世而亡,在秦末战争的摧毁下,秦朝移民关中的成果几乎荡然无存,饱经战争蹂躏的关中平原变得残破不堪,造成人口的大量减少和外迁,只剩下二三十万人。

刘邦称帝后,为了尽快恢复和发展关中经济,曾下令"诸侯子在关中者复之十二岁,其归者复之六岁",以赋税方面的优惠吸引诸侯的

后代留居关中。后来又把诸侯的后裔迁入关中，把一级政区的行政长官迁入长安。

公元前200年，由于刘邦的父亲思恋乡里（今江苏省徐州市丰县），刘邦专门在关中丽邑营造了一座城邑——新丰。新丰仿效丰县的布局而建，并将原来在丰县经营饮食服务业的商人一并迁来。

公元前198年，刘邦采纳大臣刘敬的建议，把齐楚大族昭氏、屈氏、景氏、怀氏、田氏五姓迁入关中，之后又以燕、赵、韩、魏及豪杰名家充实关中，前后移民总数达十余万口，这是西汉第一次大规模的移民。

汉高祖之后，移民关中成为定例，移民的来源更广泛、次数更多，但是移民的目的不再是改变关中地区的人口和经济状况，而是为了满足建立皇帝陵县的需要。陵，指陵墓。汉元帝以前，每任皇帝即位后就着手建造自己的陵墓，并在陵墓附近建立城邑，迁入大批人口居住，这种设置在陵旁的城邑称为陵邑，皇帝逝世后葬入陵墓，陵邑就成为陵县，建立陵县是西汉安置关东移民的一项重要举措。

西汉时期的陵县有七个：高帝长陵、惠帝安陵、文帝霸陵、景帝阳陵、武帝茂陵、昭帝平陵、宣帝杜陵。它们都分布在长安附近。其中长陵、安陵、阳陵、茂陵、平陵位于渭河之北，合称五陵，迁入的人口中有众多的富豪官僚，因此成为长安中的富庶之地。

西汉向陵县迁徙的人口达二三十万人，到西汉平帝元始二年（2年），移民后裔已经超过100万。迁入陵县的人群成分复杂，主要包括丞相、御史大夫、郡太守、都尉、郎中令、六国诸侯的后裔、汉初功臣侯的后代以及富商等。此外也有一少部分因为受经求学、求官、逃亡或者征发等而移居的人员。移民的来源比较广大，涵盖燕山以南、淮河以北、晋陕间黄河以东的区域。

两百多年的移民过程使关中地区的人口逐渐达到饱和，此时长安一带的土地也开发殆尽，为了避免继续徙民导致关中地区不堪重负，同时也考虑到迁移给百姓带来的精神上的痛苦，汉元帝永光四年（前40年），下诏停止陵县的修建和移民行动。

东汉中后期，也有部分移民被迁向关中，如汉献帝初平元年（190年），奸雄董卓强行迁都长安，"尽徙洛阳人数百万口于长安，步骑驱蹙，更相蹈藉，饥饿寇掠，积尸盈路……二百里内无复孑遗"，残酷暴行导致成千上万的无辜百姓伤亡，中途又有不少移民逃跑，最后到达长安时，所迁人口已大为减少。迁都后不久董卓被杀，其余党在长安一带争权夺利，致使关中大批人口死于战火或逃往异乡。东汉末年的"实关中"实质上是军阀争雄的筹码，是一场无视百姓生死的威逼式的驱掠，根本不可能达到移民的效果。可以说，真正意义的"实关中"在西汉元帝时就已终结，以后的"实关中"名不副实。

秦汉"实关中"是中央政府为建立和巩固关中地区在全国的核心地位而实施的策略，取得了显著的成果。"实关中"的移民主要来自关东，关东的经济实力远远超过关中，因此关东移民的到来大大促进了关中经济的发展。此外，关东相比于关中，文化更为繁荣，不少迁往关中的人口文化程度和素质都比较高，有的还有非凡的政治才干，他们的迁入促进了关中文化的发展，在政治方面也起到了重要的作用。西汉许多著名的大臣、学者，都是来自关东或是关东移民的后裔，如董仲舒、刘向等。值得一提的是，这些移居关中的豪杰名家有的凭借基业迅速壮大，形成了关中士族，如萧望之家族、韦贤家族等都是当时赫赫有名的士族。他们将当时优秀的学术人才会聚在一起，构成了

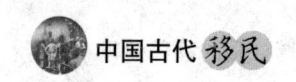

学术发展的主导力量,促进了整个文化领域的繁荣。

二、和辑百越——从中原向岭南的移民

岭南是对中国南方五岭以南地区的概称,古代岭南地区包括今天江浙以南到越南北部的广袤地区。在早期华夏人眼中,岭南地区的自然环境与中原地区差异悬殊,这里到处莽莽榛榛、瘴疠笼罩,因此中原政权的统治者都不敢涉足,岭南始终没有划入中原政权的统治范围。从先秦到秦汉前期,岭南一直是古代越人的天下。由于越人种类众多,因此称其为"百越"。

恶劣的自然环境虽然暂时阻挡了中原移民的步伐,但是移民的决心并没有受到羁绊。公元前221年,秦始皇完成统一六国的大业后,就开始制订南平百越的计划。经过一系列的准备,公元前218年,秦始皇派大将赵佗和屠睢率50万大军征讨岭南,经过三年的战争,终于征服了"百越",在岭南地区设置南海(番禺,今广东广州市)、桂林(今广西桂平西南古城)和象(今广西崇左市)三郡,整个岭南地区从此划入秦朝的版图。

为了巩固军事成果,秦始皇命进军岭南的将士留守当地"屯戍",并从中原向岭南进行大规模的移民。

第一次移民是在公元前214年。"三十三年,发诸尝逋亡人、赘婿、贾人,略取陆梁地,为桂林、象郡、南海,以適遣戍"。(《史记·秦始皇本纪》)这次是随军进行移民,迁徙的对象是罪犯、赘婿(因家贫而到女方成家的男子)、贾人等。

第二次移民发生在公元前213年。"谪治狱吏不直者,筑长城及南越地",就是把不秉公执法的官吏流放到南越充当戍卒。

第三次移民也是在公元前213年,目的是安抚留守的将士。在戍守岭南的50万大军中,有许多单身男性,无女成不了家,于是赵佗上书请求向岭南地区发送3万名未婚女子,解决驻军士卒的婚配问题,秦始皇便征集了1.5万名未婚女子来到岭南。这批未婚女子先后与戍守的军人组成家庭,对岭南驻军的稳定、社会的发展和人口的繁衍起到了重要的作用。

在岭南早期开发中创造了丰功伟业的赵佗,可以说是一个地地道道的中原移民。他的祖籍是河北正定。他受命征服岭南后,一直在岭南做地方长官。秦朝末年,农民起义风起云涌,赵佗趁秦王朝土崩瓦解之际,凭借岭南易守难攻的地势、远离中央的优越位置以及坚实的人口基础,迅速出兵占领了桂林、象郡,南海合三郡为一体,建立起一个独立的王国——南越国。汉高祖平定中原后,无力南讨,只好默认南越的割据状态。公元前196年,汉高祖派大夫陆贾出使南越,封立赵佗为南越王。吕太后执政时期,与南越国交恶,赵佗公然独立,自称皇帝。孝文帝即位后,采取一系列安抚行动,赵佗主动去除帝号,复归汉朝。汉武帝时,南越发生内乱,汉朝派遣10万大军南征,占领南越国都城番禺,南越最终归入汉朝版图。这次南征的军队同秦朝一样,依然留守岭南,促进了岭南的再次开发。

收复岭南后,汉朝将南越故地划分为九个郡,分别是儋耳、珠崖、日南、苍梧、南海、郁林、合浦、交趾、九真。前三个郡在今越南境内,后六个郡在今广东、广西境内。汉朝还派大批中原地区的官员南下岭南任职,他们为岭南地区的发展作出了不可磨灭的贡献。其中比较著名的有锡光、任延。锡光是西汉平帝时的交趾太守,"教导民、夷,渐以礼义,化声侔于(任)延"。任延则是东汉光武帝时期的九真

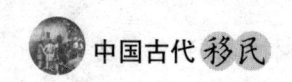

太守，教会当地人制作农具、垦荒种地，并向他们传授儒家礼义之道，影响深广。后人对他们在岭南的功绩给予了高度评价："岭南华风，始于二守焉。"两位太守被视为在岭南地区传播华夏文化的先驱。

西汉末年，王莽篡汉，农民起义不断，导致社会动荡，战火频仍。为了逃避战乱，中原地区的很多百姓被迫南迁，其中一部分人便来到了岭南，使这里的人口大增。据资料统计，西汉平帝元始二年（2年），南海郡只有94253人，到了东汉顺帝永和五年（140年），人口总数达到250282人，增加了156029人，这样大的人口增幅，显然是外来移民的结果。

东汉末年，中原丧乱，再次引发中原人迁居岭南的高潮，其中交州成为中原人的避难天堂。当时的交趾太守士燮礼贤下士，吸引了大批汉族士大夫前来投靠。士燮的家族也是由中原迁居而来。他的先祖本是鲁国汶阳（今山东泰安宁阳县）人，为避西汉末年王莽之乱而迁徙交州。经过几代的发展，士氏家族成为当地的豪族。士燮兄弟四人分别担任交趾、合浦、九真、南海四郡的太守，独揽大权，威望极高，已然是割据岭南各郡的军阀。尤其是士燮的影响力甚大，不仅学术渊博，而且性格宽厚，中原士人前往依附避难者无以计数。当时避居交州的中原名士不乏其人，如著名的学者刘熙就是其中的一员，他为岭南地区的文化发展作出了卓越贡献。刘熙，经学家、训诂学家，字成国，北海（今山东省潍坊市昌乐县）人。他生当汉末桓、灵之世，献帝建安中避难于交州，往来苍梧、南海之间，授生徒数百人。著有《释名》，以声训探寻事物命名之源，是我国古代重要的训诂学著作，对后世有很大影响。

秦汉时期的岭南大移民，无疑揭开了岭南历史发展的新篇章，南越国里的中原人，与当地的百越民族一起，使岭南地区的社会风貌发生了沧桑巨变。

秦朝以前，岭南还处于断发文身、火耕水耨的奴隶社会，"山川长远，习俗不齐，言语同异，重译乃通，民如禽兽，长幼无别，椎结徒跣，贯头左衽，长吏之设，虽有若无"。秦统一岭南后，将其纳入中央政权的管辖之下，实行封建性质的郡县制，使岭南逐步摆脱蒙昧，进入文明开化的封建社会。社会形态的进化，为文化的发展提供了基础。

移民岭南改变了民族地理分布的格局，中原人口向岭南地区扩散，实现了汉族与越人的杂居，促进了民族融合和文化的交流。数十万中原人南迁，带来了中原地区先进的耕作技术和手工工艺，促进了岭南生产方式的变革。北方的铁农具和牛耕技术也在当地传播，加快了当地农业发展。而商人的到来，对岭南地区的商业发展和商品交换起到了推动作用。移民中有不少素质较高的学者、官员，深受传统文化的熏陶，他们在当地办学教书，传授经义，使当地的风俗民情为之一新。

三、移民实边——秦汉对西北边疆的开发

移民实边是中国古代由官方组织的，将经济较发达、人口较稠密地区的人口迁移到人烟稀少、土地荒僻的边疆地区的移民活动。移民实边始于秦朝，定型于西汉。秦汉时期的移民实边，其重点在西北地区，主要包括今甘肃、宁夏的大部，陕西北部和青海东部，内蒙古阴山以南。

秦汉对西北地区的移民主要是由当时匈奴对西北边疆的威胁造成的。秦始皇统一六国后，公元前215年，派遣大将蒙恬率30万大军北逐匈奴，收复了河南地。河南地是指今宁夏北部黄河流域东部和内蒙

古境内黄河以南的广大区域,后称河套。这里土地肥沃,水源丰富,十分适宜农业种植,被称为"新秦中(关中)"。秦始皇占据这一地区后,设立了九原郡,并从内地移民,充实新置各县。移民的主要来源是犯了罪过的官吏、赘婿和商人。关于移民的数量,史书中并没有记载,但推测应不少于10万人。由于移民区的范围广大而移民的数量不多,所以公元前211年又迁移3万户平民到北河、榆中地区。经过这两次迁徙,北部边防的人力、物力得到了很大的加强,达到了开垦边疆和巩固边地的双重目的。

秦末中原战乱,秦王朝为抵挡农民军的进攻,将边防主力调到关东作战,迁入河南地的士卒和移民陆续逃回内地,匈奴各部乘机南下,这片水丰土沃的宝地再度沦落敌手。

西汉初年,由于连年战乱,人口锐减,加上平城之战的失败,根本无力恢复北部边防,只好采取"和亲"的妥协政策。汉文帝时,国力有所好转,又开始加强边防。晁错提出移民实边的建议,主张采取自愿招募的办法,给予移民优厚的待遇,比如赐给较高的爵位、免除赋役,移民初期由政府出资供应粮食、发放衣物等,同时还要建设城池和防御工事,保障移民的人身安全。汉文帝采纳了晁错的这项建议并推行实施,但由于边疆局势极其不稳,政府缺乏足够的财力来支持移民迁徙的巨额费用,因此这次移民的数量很少,收效甚微。

到了汉武帝时,经过"文景之治",汉朝的国力日趋强大,军事实力不断增强,已经有能力对匈奴发动大规模的军事反击。公元前127年,汉武帝派大将卫青、李息北击匈奴,收复了河南之地,随后设置了朔方郡和五原郡,并于当年夏天向朔方郡移民10万人,这是西汉第一次对西北边疆的大规模移民;第二年又向关西和朔方以南地区移民

70余万,大大充实了北方地区的民户,为巩固边防奠定了基础。此后不断向新开辟的边地移民,如公元前121年取得河西之战的胜利,控制了河西走廊,置武威、酒泉二郡,"徙民充实之";公元前118年,"诏徙奸猾吏民于边",这次惩罚性移民大约有18万人;公元前111年,从武威、酒泉郡中分置张掖、敦煌郡,"徙民以实之"……

自汉武帝以后一直到汉末,从内地到西北边地的移民活动仍然不断。这些移民的来源主要有三类:一类是罪犯及其家属,被强制迁徙到边疆生活;另一类是军卒,可以携带家属在边疆戍守屯田;还有一类是关东贫民,由于自然灾害而无以为生,只好迁往西北边地谋求出路。

在政府主导的移民活动中,罪犯及其家属是最没有选择权的群体。迁移刑徒罪犯到边疆地区,在汉武帝时期就已经开始实行。如公元前91年发生"巫蛊之祸",汉武帝受奸臣蒙蔽,导致太子刘据被害,真相大白后,将牵连其中的大批官员发配敦煌。这些被迁至边地的罪犯和他们的家属,从此就在当地安家落户。《后汉书·明帝本纪》中记载了一篇关于"徙边者"的诏书:"诏郡国死罪囚减罪,与妻子诣五原、朔方占著……"可以看到,不管死刑犯是否愿意徙边减刑,都要迁入边地,而且要求他们的妻子同行。

至于灾区的贫民,则是汉代移民实边活动中最广泛的群体。在古代,自然灾害的破坏性是极其惊人的,一次灾害的发生,往往摧毁一个地区的生产力,当大量百姓因为灾害而变得一无所有,又无力维持生计时,他们就会在政府的号召和组织下,成为迁移人口的主要成分。如汉武帝元狩三年(前120年),关东地区发生大水,政府下令迁徙关东贫民72.5万人充实陇西、北地、上郡等地,这次迁徙是汉代向西北

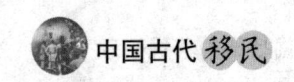

地区规模最大的一次移民。

秦汉时期的移民实边政策,为边疆地区带来了大量的劳动力,同时也将内地先进的生产技术和文化传统带到了边疆,缩小了中心区域与边疆在经济文化领域的差距,促进了边疆地区的民族融合,有利于大一统政治局面的形成和发展。

四、移民实京师——北魏向平城地区的移民

北魏是由鲜卑族拓跋氏建立的政权,崛起于十六国时期。4世纪末至5世纪中期,北魏在征服或消灭了各割据政权后,陆续将各地各族的各阶层人口大量迁移到自己的政治中心区——平城(今山西省大同市),称为"移民实京师"。

但是北魏的移民实京和历代王朝的移民实京相比,目的有所不同。以秦汉为例,"实关中"的措施主要是为了防止豪杰大家在各地制造叛乱,并集中财富发展京师的经济文化实力。北魏的移民实京则有以下四个动因:(一)迁移被歼灭的割据势力的人口,防止其死灰复燃。(二)鲜卑族是游牧部落,主要从事畜牧业,不擅长发展农业生产。而北魏的开疆拓土和城市发展都需要大量的粮食,因此,迁徙内地的汉族农民在平城一带屯垦农田,以解决军队的粮食问题和城市人口的口粮。(三)北魏的典章制度落后,统治者尊崇儒学,崇尚汉族先进的礼仪,于是常将一些精英"抢"到平城,以参加朝廷典章制度的制定和实施。(四)鲜卑族的手工业水平比较低,比如制铁技术、纺织技术、建筑技术等远远落后于汉族。北魏统治者见识到手工业的重要性,于是在中原各地网罗大批能工巧匠移往平城,企图将其建设成一座世界级的大都市。

最早向平城地区进行的大规模移民是在道武帝天兴元年（398年）攻灭后燕以后。"徙山东六州民吏及徒何、高丽杂夷三十六万，百工伎巧十万余口，以充京师。"这次移民总数为10万余口，移民对象是后燕政权的官僚、文士。不久又"徙六州二十二郡守宰、豪杰、吏民二千家于代都"，这次移民是后燕灭亡后移民的延续，主要迁移的是地方豪强。此后，北魏在作战过程中继续大规模地向平城地区移民，其中影响较大、人数较多的几次迁徙分别是：

（1）天兴五年（402年）二月，北魏西征后秦高平公木易于，"木易于率数千骑，与卫辰、屈丐弃国遁走，追至陇西瓦亭，不及而还。……徙其民于京师"。随后北魏与后秦在河东展开鏖战，后秦3万余人被俘，他们也被押往平城。

（2）泰常三年（418年），北魏袭击北燕，四月"徙冀、定、幽三州徒何于京师"。五月，征东将军长孙道生"至龙城，徙其民万余家而还"。

（3）始光三年（426年），北魏军队进逼夏国境内，"分军四出，略居民，杀获数万，生口牛马十数万，徙万余家而还"。由于夏国和平城之间路途遥远，加上北魏军队的虐待，不少移民在半路丧命，"能到都者才十之六七"。始光四年（427年），魏军攻占夏国都城统万，俘获国主赫连昌群弟及其诸母、姊妹、妻妾、宫人万数，以及"秦雍人士数千人"。这批人也被迁到了平城。

（4）延和元年（432年）九月，徙营丘、成周、辽东、乐浪、带方、玄菟六郡民三万家于幽州。

（5）太延元年（435年）七月，乐平王拓跋丕等东伐文通，至和龙时，徙男女六千口而还。太延五年（439年）十月，西伐北凉，取得决定性胜利,"徙凉州民三万余家于京师"。以每家五口计,这批移民不少于15万人。移民中包含了大量永嘉时期从中原地区迁去的学者、文士,对北魏文化的发展产生了重要影响。

(6) 439年北魏灭北凉,基本统一了中国北方。紧接着,向南方地区发起大规模的进攻。最残暴的一次杀掠行动发生在太平真君十一年(450年)。北魏大军长驱直入,进逼至长江边上,回师之际大肆屠杀掠夺沿途平民,"自江、淮至于清、济,户口数十万,自免湖泽者,百不一焉"。北魏军队最后"以(宋国)降民五万余家分置近畿",近畿,即以平城为中心的方圆千里之地。

(7) 皇兴三年(469年)正月,魏军攻克宋国东阳城(今山东省青州市),俘虏青州刺史沈文秀,徙大量青齐人于平城。这批人口主要是由青齐两地有一定声望的世家大族的成员构成,还有一些普通民户。据统计,这些青齐民有近10万人。由于移民人数多,北魏特别在京畿内设置平齐郡(治今山西省朔州市东南)及怀宁、归安二县安置移民。

(8) 太和五年(481年),魏军南攻萧齐,"大破(萧)道成将,俘获三万余口送京师",执政的冯太后"以南俘万余口班赐群臣"。

从天兴元年到太和五年,北魏政府向平城一带的大规模移民持续了80余年,如此频繁地向京师地区大规模移民,在中国历史上是很少见的,其最直接的结果就是京畿地区的人口膨胀。据粗略估计,到孝文帝迁都洛阳之前,平城地区的总人口应当超过150万人,这是古代历史上这一地区人口数量的最高纪录。平城堪称典型的移民都市。

徙往平城的人口,以部族成分言之,汉人数量最多,其次是徒何鲜卑,匈奴、高丽、秽貊、吴蛮、稽胡居于少数。天兴元年的两次移民中,除了少数的徒何人、高丽人等,绝大部分为汉人。延和元年迁移的六郡人口中，除了徒何、秽貊、高丽等少数部民，还是以汉人为主体。其他如凉州、宋国的移民以及青州的"平齐户"绝大部分也都是汉族。多民族聚集在一起，使平城成为多元文化交流融合的大熔炉。

大批移民的到来，为北魏的政治、经济、文化建设发挥了极其重要的作用，从某种程度上来说，正是这些移民造就了北魏政权。在北魏政坛上，移民及其后裔占据了相当一部分比重，比如崔宏、崔浩父子都是当时的名臣，分别受到道武帝拓跋珪、太武帝拓跋焘的倚重。在农业发展方面，移民们功莫大焉。平城所在的雁北地区地广人稀，水资源比较丰富，适合发展农耕。大批移民到来后，将汉族的耕作技术传播开来，同时中原的均田制得到实施。在这样的情形下，北魏的农业得到一定的发展。"各给耕牛，计口授田。……劝课农耕，量校收入，以为殿最。又躬耕籍田，率先百姓。自后比岁大熟，匹中八十余斛。"京畿内的重要建筑、重大工程等也都是移民建造的。道武帝攻克中山后曾徙百工伎巧十余万口到平城，太武帝破赫连氏后也是徙长安工巧两千家于京师，这些人都是北魏的手工业者，他们为京师的繁荣作出了巨大贡献，如著名的云冈石窟就是出自他们之手。

虽然大量强制移民使平城这座塞上古城成了政治、经济和文化的中心，达到繁盛的顶点，但是平城的地理环境毕竟不优越，这里位置过于偏北，交通不便，而且气候寒冷干燥，自然灾害频发，因此总体而言是比较落后的。而随着北魏统治范围的南移，其在华北平原的统治日趋巩固，国家的经济、人口重心也逐渐转移。种种原因使得后来孝文帝迁都洛阳，平城这座军事重镇、塞上明珠逐渐被人遗忘，空余《悲平城》的慨叹："悲平城，驱马入云中。阴山常晦雪，荒松无罢风。"

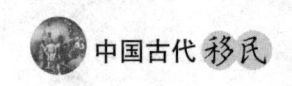

> ### 孝文帝迁都洛阳
>
> 孝文帝拓跋宏是北魏的第六位皇帝。他推崇中原文化,力主改革鲜卑旧俗。太和十八年(494年),孝文帝以南伐的名义迁都洛阳,强制平城数十万居民随同迁去。由于准备仓促,当数十万人跋山涉水、历尽艰险抵达洛阳时,资产和牛马等家畜损耗过半,移民面临居、食两方面的困难:"居无一椽之室,食无一石之储。"为了安抚南迁居民,孝文帝下令免去他们三年的租赋,并帮助他们逐渐安居下来。孝文帝还规定,迁居洛阳的百姓死后要葬在河南,不得北还。迁都事宜于次年基本完成。迁入洛阳的人口来自平城的超过百万,仅十余万人迁自其他地区。这次移民比向平城移民意义更大,因为其中有相当一部分拓跋部民,他们由平城迁居洛阳,随着环境的改变,大大加快了融合的步伐。

第二节 汇聚中华成一家——少数民族的内迁

中国历史上,居住在周边的少数民族曾经发生过大规模的以中原地区为目的地的迁徙活动。这种迁移属于由外向内的聚集型迁移,与汉族人口由中原向四边的扩散型迁移形成对照。

少数民族的内迁有着复杂的动因。首先是政治、经济、文化等社会因素。历史上,中原华夏族与周边少数民族之间可谓冲突不断,常常爆发激烈的军事战争,不管谁操胜券,都会引起少数民族人口的大规模流动。同时,中原地区发达的经济和厚重的文化也吸引着周边少数民族内迁。

旱灾、蝗灾等自然灾害也是驱动少数民族内迁的重要因素。散居在中国北方的少数民族长期以来都过着游牧生活，抵抗自然灾害的能力低下，一旦遇到灾害，只能被动地悉族迁移，徙居到他处寻求生计。中原地区发达的农耕文明无疑对他们有着巨大的吸引力。

中国古代少数民族的内聚迁徙是频繁的，秦汉至魏晋时期以匈奴、鲜卑、羌族、羯族、氐族等少数民族的内迁为主。其中发生在魏晋的"五胡内迁"是中国历史上民族迁徙的第一次大潮。内迁的各民族与汉族人民杂居在一起，相互影响，形成了中国历史上的民族大融合。

一、由"塞外虏"到"并州胡"——匈奴的南迁

匈奴是中国历史上最早对汉族中原王朝产生重大影响的北方游牧民族。

公元前4世纪，匈奴开始在中国历史舞台崭露头角。战国时期，匈奴进入奴隶制社会，占有今内蒙古、宁夏一带。当时，中原各国忙于征战，无暇北顾，匈奴经常侵袭秦、赵、燕等国的边境。秦汉之际，匈奴强大起来，相继征服了东至辽水、西达西域、北抵贝加尔湖、南邻长城的广大地区，并屡次进犯秦汉边境，成为中原政权外部最大的威胁。秦始皇采取军事打击和工程防御的手段，使匈奴"北徙"七百余里，十年间不敢南下牧马，"士不敢弯弓而报怨"。

西汉初年，汉朝无力与匈奴抗衡，在与匈奴的战事中处于劣势。在汉武帝中期以前，只有少量的匈奴降人和俘虏迁移内地。汉朝对匈奴移民的安置措施是分而治之，对于有地位的匈奴首领，往往封为侯，食邑多在千户以上，据史籍记载，在从汉文帝到汉武帝前期的50年

里，被西汉朝廷封侯的匈奴首领不少于34位。这些匈奴侯国主要分布在关东、关中人口稠密的地带，受封者及其家属、随从加入当地的户籍，逐渐融入汉族中。

到了汉武帝中期，汉朝的政治、经济、军事都显强盛，于是开始对匈奴展开大规模的军事进攻。卫青、霍去病多次统率汉军大举北上，给予匈奴部落持续的打击，匈奴元气大伤，避居漠北，而投降和被俘虏的匈奴人口被迁往内地。这批移民数量多达6万人至7万人，原有的安置方法已经不适用，于是"分处降者于五边郡故塞外，而皆在河南，因其故俗为属国"。所谓属国，是指"存其国号而属汉朝"。这五个属国分别是陇西、北地、上郡、西河、五原，位于今甘肃、陕西、内蒙古境内。这片区域土地辽阔，水草丰茂，适宜游牧。汉朝政府顺应匈奴的风俗习惯，保留了其原有的生产方式，并任匈奴原来的首领担任属国长官。为加强对属国内匈奴的监督和管理，又在各属国设置都尉、丞、侯、千人等职位，由朝廷中掌管少数民族事务的典属国统制。

除了设立属国安置内迁的匈奴外，汉武帝还将大批汉族人口迁徙到五属国地区，促进了匈奴与汉族的接触和交往，有利于民族融合。

西汉末年，汉匈关系恶化。进入东汉以后，匈奴内部爆发了争夺单于王位的战争，加上蒙古草原发生大旱灾，匈奴部落最终分裂为南、北两支。北匈奴居留漠北，后来迁居欧洲，南匈奴则在首领呼韩邪单于的带领下向南迁移，归附了汉朝。南匈奴的南下，揭开了汉匈关系的新篇章，并引发了匈奴部众大规模的内迁活动。

东汉政府一开始将南匈奴安置在云中郡（今内蒙古自治区土默特左旗以东），并设置匈奴中郎将之职，负责率领官军护卫入居的匈奴部众。后来，又将南单于迁居西河美稷（今内蒙古自治区准格尔旗西北），所领诸部入居北地、朔方、云中、五原、定襄、雁门、代、上谷等沿边诸郡，大致在今甘肃、宁夏、内蒙古、山西、河北的广大地区，与东汉边防军队一起防守边塞。

东汉前期，内附匈奴的活动范围主要在黄河以北，到了东汉后期，匈奴经常发生叛乱，东汉政府无力镇压，只好把州郡治所后撤到黄河以南，于是匈奴进一步南下，进入山西汾水流域。建安年间，曹操将匈奴部众编为五部，左部统万余落（相当于"户"）居于太原兹氏（今山西省汾阳市），右部统六千余落居于祁（今山西省晋中市祁县），南部统三千余落居于蒲子（今山西省临汾市隰县），北部统四千余落居于新兴（今山西省忻州市），中部统六千余落居于大陵（今山西省吕梁市文水县）。到了曹魏时期，匈奴的核心部分已经居于今山西省的中部、西部、南部，因此内迁的南匈奴被称为"并州胡"。

从"塞外虏"到"并州胡"，是匈奴发展史上的巨大飞跃。匈奴人的大规模南下，加强了匈奴与汉族的联系，同时促进了民族融合的进程，他们开始讲汉语，改汉姓，学习中原地区的农耕文明。更为重要的是，匈奴的南迁带动了其他北方少数民族的内徙，很快中原大地上迎来了一次规模宏大的民族迁徙和民族融合的浪潮。

220年，统治了中国400多年的汉王朝走向末路，此后三国混战，两晋更迭，中华大地继春秋战国以后出现第二个乱世。西北的少数民族纷纷内迁中原，掀起了一场场争雄称霸的风暴。内迁的少数民族主要有5个——匈奴、鲜卑、羯、氐、羌，历史上称为"五胡"。五胡闹中原，揭开了十六国的序幕。

在这场空前的民族纷争中，匈奴是较早建立政权的民族。304年，

中国古代移民

匈奴在其首领刘渊领导下，举起反晋的旗帜，在并州发动起义，称汉王。308年，刘渊称帝，迁都平阳。316年，匈奴攻破长安，俘获晋愍帝，仅仅维持了三十多年统一的西晋灭亡。接着，大多数匈奴人迁居到以平阳为中心的山西中南部和以长安为中心的关中平原。318年，刘曜称帝，第二年迁都长安，改国号为赵，历史上称为"前赵"。随后大部分匈奴部众迁到长安附近，其余则散居在前赵统辖下的山西西南部、陕西中部和甘肃东部。

319年，石勒在襄国（今河北省邢台市）称王，史称后赵。后赵取代前赵，造成关中和平阳的大量匈奴人迁移到襄国附近。后赵灭亡后，匈奴人又回到并州。

南北朝时期，匈奴在中原丧失统治地位，大批匈奴人因避乱、被俘、投奔等原因迁居南方，在《宋书》《南齐书》等史书中，都能找到有关匈奴后裔的记载。

以上是匈奴在中国历史舞台的最后一场演出。之后，匈奴人逐渐融入汉族，在汉族的包围中，民族特征迅速淡化。到了隋代以后，匈奴作为一个独立的民族彻底从中国历史上消失了。

知识链接

昭君出塞

"昭君出塞"的历史事件发生在汉元帝时期。公元前57年，匈奴内部发生"五单于争立"事件，呼韩邪单于被其兄郅支单于击败，南迁到长城附近，向汉朝俯首称臣。公元前33年，呼韩邪单于来到长安，向汉元帝请求和亲。王昭君听说后主动请求出塞。她到匈奴后，被封为"宁胡阏氏"。昭君出塞巩固和加强了民族间团结友好的关系，开创了数十年无战事的和平局面。史学家翦伯赞《题昭君墓》赞曰："汉武雄图载史篇，长城万里遍烽烟。何如一曲琵琶好，鸣镝无声五十年。"

二、驰骋北国——深山密林走出的鲜卑人

鲜卑是发源于中国东北的一个古老民族，属于东胡的一支。在中国历史上，鲜卑是唯一经历了从森林走向草原进而入主中原的北方民族。

鲜卑原活动于大兴安岭北麓的大鲜卑山，秦汉之际，受匈奴役属。东汉初，匈奴因发生内讧而分裂，南北匈奴分别内迁和远徙，鲜卑趁机占据匈奴故地，收降匈奴余部十余万，同时开始大规模南迁与西迁，到灵帝时，"幽、并、凉州缘边诸郡，无岁不被鲜卑寇抄"。东汉末年，鲜卑分裂为慕容、拓跋、宇文、乞伏、秃发等部，这些鲜卑部落在五胡十六国时期大量内迁，都在北方地区雄踞一方，先后建立了代、前燕、西燕、后燕、南燕、西秦、南凉、吐谷浑8个政权。其中，前燕、后燕、西燕、南燕均由慕容鲜卑所建，西秦由乞伏鲜卑所建，南凉由秃发鲜卑所建，代国由拓跋鲜卑所建。

（一）慕容鲜卑

慕容鲜卑是东部鲜卑重要的部落之一，原居于蒙古草原东部，西晋时举部迁徙到今辽宁西部。337年，慕容鲜卑首领慕容皝在棘城（今辽宁省锦州市义县）自立，称燕王，这就是历史上的前燕政权。341年，慕容部迁都龙城（今辽宁省朝阳市），后又迁到蓟城（今北京市西南隅）、邺城（今河北省邯郸市临漳县）。

随着统治中心的迁移，慕容鲜卑不断向中原腹地挺进，疆域逐渐扩大，强盛时覆盖了今淮河北部的河南、安徽、江苏、山东、山西和河北等地，慕容鲜卑部众也随之扩散到各地，其中以国都邺城一带人口最为密集。370年，前秦国王苻坚灭前燕，徙燕主及王公以下鲜卑4万余户到长安，从此，鲜卑成为关中地区的主要民族之一。淝水之战后，前秦实力大减，其控制下的慕容鲜卑乘机起事，相继建立了后燕、南燕、北燕政权，鲜卑部众也随着鲜卑政治重心的转移迁离关中，进入山东、河南等地。410年，南燕为东晋所灭，部分鲜卑被迫南迁到东晋境内。

（二）拓跋鲜卑

拓跋鲜卑初期生活在大兴安岭北部的嘎仙洞，东汉初年，西迁到内蒙古呼伦贝尔草原。因"此地荒僻，未足以建都邑"，于是迁移到阴山河套一带，这里良好的自然条件使拓跋鲜卑势力渐强。到了拓跋猗卢时，"总摄三部，以为一统"。310年，拓跋猗卢协助西晋抗击匈奴，被晋封为代王。376年，代国被苻坚所灭。淝水之战后，前秦瓦解，拓跋珪于386年重建代国，改国号为魏，史称北魏。次年建都盛乐（今内蒙古自治区呼和浩特市和林格尔县西北），398年迁都平城。此后拓跋部大举讨伐北方柔然、高车等威胁，并进兵中原。到了439年，拓跋部消灭北方割据政权，统一了北方黄河流域，成为与南朝刘宋鼎足而立的大国，中国历史进入南北朝长期对峙的时期。伴随着鲜卑拓跋部南下的征程，鲜卑人广泛分布在北方各地。孝文帝时将都城迁到汉族文化中心洛阳，并规定"迁洛之民，死葬河南，不得还北"，于是代人南迁者皆为河南洛阳人。534年，北魏分裂为东魏和西魏，后分别被北齐和北周取代。西魏和北周的统治者都是宇文鲜卑族。581年，隋文帝杨坚建立隋朝，鲜卑政权结束，鲜卑族逐渐融合在汉族之中。

（三）乞伏鲜卑

乞伏鲜卑是西部鲜卑的一支，原由如弗斯、出连、叱卢三部鲜卑人组成，游牧于漠北，后越过阴山，进入今甘肃陇西，因此也称"陇西鲜卑"。陇西指陇山（今六盘山南段，在甘肃一带）以西。居于陇西的鲜卑有很多部，他们都是由外地迁入的。其中以乞伏鲜卑发展最快，实力最强。

晋太始初，乞伏鲜卑"率户五千迁于夏"，吸纳其他部族，部众增至五万人，随后又向西迁到乞伏山，打败居于此地的鲜卑鹿结部，开始居于高平川（今宁夏黄河支流清水河）。至乞伏述延为首领时，徙居于苑川（今甘肃省兰州市榆中县）。前秦强盛时，首领乞伏司繁率部归附苻坚。"淝水之战"后，乞伏司繁之子乞伏国仁乘机独立，自封为大单于，建立西秦政权。

西秦国一度相当强大，几乎占有了整个陇西、巴西地区。431年，西秦国被夏国攻灭。西秦灭亡后，乞伏鲜卑或降夏国或投北凉。在夏国被吐谷浑所灭后，夏政权控制下的乞伏鲜卑转投吐谷浑政权，很快融入了吐谷浑人之中。北魏统一中国北方后，也统一了散布北方的鲜卑各支系、各部落。北凉控制下的乞伏鲜卑和未融入吐谷浑的乞伏鲜卑基本转入北魏的统治之下，与其他鲜卑人一起构成北魏的统治民族。北魏灭亡后，乞伏鲜卑与其他鲜卑一样，大多同化在汉族之中。

（四）秃发鲜卑

秃发鲜卑由漠北内迁秦、雍，因大部分定居在河西走廊，因此也称"河西鲜卑"。西晋初年，秃发鲜卑开始崛起，秃发树机能为首领时，率部攻杀西晋秦州刺史，尽占凉州之地。秃发乌孤即位之后，鉴于自己力量薄弱，不能与强国相抗衡，遂投靠后凉政权。但秃发鲜卑并不甘心屈服于后凉，随时寻找机会摆脱后凉的控制。397年，趁西秦、后凉相互攻伐之际，秃发乌孤在湟水流域建立起自己的政权，定都青海乐都，史称"南凉"。乌孤弟利鹿孤统治时期迁都西平（今青海省西宁市），南凉开始兴盛起来，曾控制有今青海东部、甘肃西部和宁夏一部分地区。414年，南凉因连年不收，国家陷入困境，西秦乘机攻灭南凉。此后，秃发鲜卑在北方各民族的大融合中也逐渐被融合了。

知识链接

乌桓的内迁

乌桓是秦汉时期北境诸族中继匈奴之后第二个内迁的民族。乌桓与鲜卑一样，属于东胡的一支。秦汉以前，乌桓分布在大兴安岭以东，后渐南迁，随水草放牧，以穹庐为室。汉初，匈奴击破东胡，乌桓退居乌桓山（在今内蒙古自治区科尔沁草原），受匈奴控制，常向匈奴进贡。汉武帝时，乌桓归附汉朝。公元前119年，汉武帝派霍去病北征匈奴，夺取匈奴左地，并把原来居住在匈奴左地的乌桓人南迁到上谷、渔阳、右北平、辽西、辽东五郡塞外。这是乌桓的第一次南迁。东汉初，乌桓进一步内迁。光武帝时，允许乌桓人部分移居太原关内各地，驻牧在辽东属国、辽西、右北平、渔阳、上谷、广阳、雁门、太原、朔方等郡。汉末军阀混战，辽东、辽西、右北平三郡乌桓也加入战斗，最终被曹操征服，乌桓的一万余部众被迁到内地，其精兵被改编为骑兵部队，增强了曹魏的军事力量。此后，乌桓势力渐衰，逐渐被汉族同化，或融入其他民族之中。

三、关中遍布三苗裔——入居中原的羌人

羌人是古代戎人的一支,是一个历史悠久的民族。据《后汉书·西羌传》记载,羌人出自三苗,是"姜姓之别"。有文字记载的羌族历史始于商代,殷商甲骨文中保留了大量关于羌人的记载。羌族原来居住在南岳衡山一带,舜帝时被迁往三危山地区(今青海省贵德县西南),夏商时沿汉水迁入青海黄河、湟水流域。春秋时期,秦厉公灭犬戎,对羌人造成严重威胁,一部分羌人被迫向西迁徙,另一部分羌人则沿着青藏高原和川西高原之间的谷地迁移到今甘肃南部、四川北部和西部,但羌族主体仍然分布在陇西、西河等地。

汉初,匈奴强大,羌人归属于匈奴,羌人的一支请求内迁,被汉景帝安置在陇西郡的狄道(今甘肃省定西市临洮县)、安故(今甘肃省定西市临洮县南)、临洮(今甘肃省定西市岷县)、氐道(今甘肃省西部和西北部)、羌道(今甘肃省岷县南)等地。此后羌人的内迁活动渐渐增多。汉武帝时期北征匈奴,大量羌人被招降或俘虏,人数多达数万。汉朝将这些羌人分别安置在安定、北地、金城、陇西等郡,并设护羌校尉总辖羌中事务。王莽时期,"西羌寇边,遂入居塞内",继续向长城以南迁移。进入东汉以后,羌人的内徙频率更高,规模也更大,迁入的地区已不仅限于沿边郡县,更深入安定、北地、上郡甚至三辅地区(今陕西省中部,即关中)和河东。其迁移原因多为被汉军打败后强制徙入,和平迁徙的只占少数。如建武十一年(35年),先零羌寇边,被汉将马援击败,投降的 8000 名羌人被迁移到天水、陇西、扶风三郡;汉明帝永平元年(58年),汉军破烧当羌,迁其众 7000 人于三辅。

高频率的迁徙活动,使入住中原的羌人数量大增,有学者估计,

两汉时期迁入内地的羌人有 70 万人之多，且主要分布在关中一带。为了管理人口庞大的羌人，东汉仿照西汉也设立了护羌校尉，然而护羌校尉与地方官吏、豪强地主相勾结，欺凌压榨内地的羌人，抢劫其财物、粮食，随意征发徭役，激起了羌人的反抗精神。加上羌人崇尚武力的民族性格，各地不断有羌人发动叛乱，成为东汉王朝后期极大的祸患。

西晋初年，杂居关中的羌人为数甚众，成为仅次于氐人的第二大少数民族。"关中之人，百万余口，率其多少，戎狄居半。"当时关陇地区屡受内迁的氐、羌侵扰，晋惠帝元康六年（296 年），冯翊、北地两郡的马兰羌与匈奴造反；不久，秦、雍羌人与氐人俱反，拥兵 7 万，大败晋军，至元康九年（299 年）才被平定。鉴于氐、羌等民族对汉族王朝统治的巨大威胁，江统向西晋政府提出"徙戎论"，主张将这些氐、羌人遣回故地，以此消弭少数民族的反抗。但内迁的各族人民已经习惯农业生活，不愿意再回到落后的生产方式，因此"徙戎"的建议并未被晋惠帝采纳。

永嘉丧乱时，烧当羌首领姚弋仲率数万羌人、汉人东徙榆眉（今陕西省宝鸡市千阳县东），势力逐渐壮大。在十六国时期，羌人先后依附于汉、前赵、后赵、前秦等少数民族政权，并随着它们向关东等地的扩张不断迁居内地。如 329 年，石虎"攻集木且羌于河西，克之，俘获数万"，"徙氐、羌十五万落于司、冀州（今河北省中部）"，据估计，这批内迁的氐、羌人有 60 万。淝水之战后，前秦国内大乱，分崩离析。384 年，烧当羌的姚苌被族人推为首领，叛前秦自立，建后秦国。后秦都城位于关中一带的长安，可见关中羌人的数量很多。417 年，后秦为东晋所灭，宗室子弟被迁往江南，大多数羌族平民则继续留居关陇，后来成为北魏军队的主体之一，北魏迁都洛阳以后，他们便在河南定居了下来。由于北魏大力推行汉化政策，内迁的羌人又长期与汉族杂居，所以羌人迅速汉化，唐代以后，居住在内地的羌人已经大部分融合于汉族之中。

四、西来氐人满长安——氐族的东迁

氐族是中国古代西部地区的民族之一，与羌族的关系密切，历史上常将氐羌连称。氐族的名称最早出现在春秋战国时期，从春秋战国至秦汉，氐人活动在西起陇西，东至略阳，南达岷山以北的地区。其支系众多，各有称号，其中以白马氐最为强大，居于仇池（今甘肃省陇南西和县仇池山）。

氐人属于定居性的农耕民族，不易流动，但进入汉代以后，却因政治军事压力或民族矛盾而常常迁徙。从西汉到三国时期，氐人经历了两次较大的迁移。

氐人的第一次内迁是在汉武帝时期。汉武帝元鼎六年（前111年），汉朝发兵开拓西南边境，置武都郡，将氐人纳入郡县统治之下，氐人部分内属，部分移居深山，还有一部分迁到陇西、河西和关中地区。元封三年（前108年），武都郡的氐人反叛，汉朝"遣兵破之，分徙酒泉郡"，具体分徙了多少人，史书并未记载。

氐人的第二次迁徙是在东汉末年及三国时期。其时群雄割据，战争不断，氐族正好位于曹、魏两大政权的中间，成为两个集团争夺的对象。当时氐族名气比较大的有四大氐王，分别是兴国氐王阿贵、百顷氐王杨千万、兴和氐王窦茂、阴平氐王雷定，几大氐王各拥众万余落。建安十六年（211年），马超、韩遂起兵反汉，兴国氐王阿贵、百

倾氐王杨千万也率部落参加。214年，曹操攻破马超，阿贵被杀，杨千万入蜀投降刘备，所遗部落全部归降曹操，一部分被迁入扶风、美阳（今陕西省咸阳市武功县西北）；另一部分留在天水、南安（今甘肃省定西市陇西县东南）。219年，刘备取汉中，曹操担心各部氐人为刘备所用，便将氐人强行迁入关中和陇右地区，"徙氐五万余落出居扶风、天水界。"若以每落5口计算，这批被强行迁出的氐人有25万口之多。此后刘备进取下辨（今甘肃省陇南市成县），阴平氐王雷定率万余落响应蜀军，曹操恐刘备取武都氐以进逼关中，命人将武都郡的汉人、氐人迁移到京兆、扶风、天水等郡，这次移民人数达万余户。此后，不断有氐人被强制迁移到关中地区。

氐人的大量内迁，造成关中和陇右氐人与汉人杂居。通过史籍可以看到，关中氐人主要分布在京兆、扶风、始平三郡，集中在雍县（今陕西省宝鸡市凤翔区西南）、美阳县、汧县（今陕西省宝鸡市陇县东南）；陇右氐人主要分布在天水、南安、广魏（今甘肃省天水市秦安县东南）三郡。氐族人聚居关陇，为后来氐人在关中建立自己的政权奠定了基础。

到了东晋十六国时期，西北各少数民族政权之间征战不休，纷纷迁入中原。在内迁的少数民族的裹挟下，分布在河西、陇西的氐人也大规模入居关中。后赵国王石勒在位时，略阳氐苻洪归附后赵，劝说石勒迁徙关中豪杰及羌戎"内实京师（指邺城）"，被石勒接纳，于是略阳氐被迁移到枋头（今河南省浚县西南）。350年，后赵因内乱亡国，中原大乱，当初外迁的少数民族争相返乡，"青、雍、幽、荆州徙户及诸氐、羌、胡、蛮数百余万，各还本土"。雄心勃勃的苻洪趁机称王，以回归故里为口号吸引各族流民，但不久却被人毒死。不久，苻洪之子苻健进入长安自立,建立前秦政权,之前外迁的氐人纷纷迁居关中。到了苻坚即位时,国势达到了极盛,先后平定前燕、前凉、代等多个割据政权,基本统一了北方。为了加强统治,苻坚仿照分封制,以关中氐人分镇各地,使氐人的分布范围扩大到整个关中、关东,与汉族和其他民族杂居在一起。与此同时,苻坚还仿照秦汉移民关中的做法,把包括前燕皇族在内的大批鲜卑人迁入关中,以防止鲜卑再度崛起。关中是前秦的政治重心所在,将大量氐人迁离,以大量鲜卑人取而代之,就维护国家的稳定和安全而言,无疑是一项错误的决策。383年,苻坚发动征服东晋的战争,最后在淝水大败于晋军,随征的氐人或死亡,或逃散,前秦政权随之瓦解,归附前秦的其他民族纷纷乘机独立,建立自己的政权,其中慕容鲜卑建立了后燕、西燕。失去了统治地位的氐人很快湮没在了其他民族的汪洋大海中。到隋唐时,内迁的氐人基本上已经与汉族融合。

五、原籍中亚——徙居内地的羯族

羯族又称羯胡,是4世纪活跃于中国北方山西一带的族群。他们深目、高鼻、多须,信仰祆教。羯族最早居住在中亚的索格狄亚那、塔什干一带,这一地区在汉代时是康居国辖地,曾受匈奴人控制。两汉时期,羯人迁移到蒙古高原,魏晋之际又随匈奴人内徙到山西、河北一带。内迁的羯族人多居住在山区,主要从事农业。在内迁的"五胡"之中,羯人的人口数量和组织规模都不能与其他"四胡"相比。

西晋末年,并州发生大饥荒,并州刺史司马腾捕捉了许多胡人,押解到太行山以东地区贩卖,以换取军粮,其中就有不少羯族人。匈奴人刘渊发动反晋起义时,羯人曾是汉军的基本力量之一。319年,羯人首领石勒率众从匈奴建立的前赵政权中分离出来，在襄国（今河北省邢台市）建立后赵政权，其所依靠的力量应是散居太行山以东地区的羯人。335年，石虎将都城迁到邺，大量羯人也随之南迁。

后赵在政治上实行"胡汉分治"的政策，把全国臣民分为赵人和国人两种，国人即羯族人，赵人即汉人，二者的地位高低悬殊。此外，为了提高羯人的地位，后赵统治者还颁行"讳胡"之禁，禁止说"胡"字，并纵容羯人欺压汉人。因此，激化了社会矛盾和民族矛盾。

349年，后赵大将冉闵（汉族）趁后赵内乱夺取政权，建立冉魏，后赵宗室及诸大臣纷纷出逃，向南迁移到今河北南部地区，剩下的羯人遭到疯狂的大屠杀。《晋书》记载，冉闵因羯族等胡人不能为己所用，遂颁布杀胡令，"无贵贱男女少长皆斩之"，邺城一带被屠杀的胡人达20余万。屯据四边的各镇将士，也根据冉闵的命令四处捕杀胡人，凡是外表为高鼻、长须者，都被当成羯人诛杀，以致有一半人因滥杀而死。

371年，苻坚平邺，"徙关东豪杰及诸杂夷十万户于关中"，其中也包括了不少羯族人。北魏统一北方后，羯族纳入鲜卑的统治之下，随着汉化政策的成功施行，羯族的民族特征逐渐弱化，渐渐融入汉族之中，到了隋代以后，羯作为一个独立的民族已经不复存在。

第三节　远徙他乡——西迁的游牧民族

中国古代少数民族的迁徙有两大走向，一是东西向的迁徙，二是南北向的迁徙。东西向的迁徙多是由东向西举族迁移，而南北向的迁徙一般是由北向南部分迁移。

秦汉至魏晋时期，北方的少数民族曾进行过大规模的西迁、东迁和南迁。上一节介绍的少数民族的内迁主要是东迁和南迁，这一节重点介绍少数民族的西迁，主要包括月氏、乌孙、匈奴、吐谷浑四个部落，它们的西迁活动几乎都是被迫性的。

一、称霸域外——走出国门的月氏人

月氏是中国古代分布在西北的民族，也称"月支"。早期以游牧为主，居于敦煌和祁连山之间，大致在今甘肃兰州以西至敦煌河西走廊一带，"随畜移徙，与匈奴同俗"。

秦末汉初，月氏是西北地区势力强大的民族，"控弦十余万"，所辖部落从河西走廊一直延伸到青海湖一带的湟水流域。当时，月氏经常与北部的匈奴为争夺领地而发生冲突。月氏曾联络蒙古高原东部的东胡夹击匈奴，为了和缓局势，匈奴被迫送质子冒顿到月氏。后来冒顿从月氏逃回国内，杀父自立。他积聚力量，于公元前206年灭掉了东胡，接着向西进攻，打败了月氏。月氏人只得离开河西走廊这块宝地，开始了颠沛流离的迁徙生涯。

迁徙的月氏人分为两支，一小部分行动不便的月氏人，南迁到祁连山至湟水流域定居下来，史书上称为小月氏，他们与当地的羌人杂居、融合，到东汉时，服饰、饮食和语言已基本与羌人相同。西晋以后，小月氏不再见于史籍。月氏的主体则穿过戈壁沙漠，向西逃亡，进入今新疆维吾尔自治区东部，他们被称为大月氏。

公元前177年，冒顿单于再次袭击大月氏，败亡的月氏人被迫迁到更西的准噶尔盆地。公元前174年，匈奴老上单于又击败大月氏，

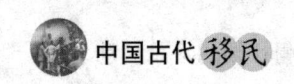

杀大月氏王，以其头骨为饮酒之器。月氏人虽深恨匈奴，却无力反击，唯有再往西迁，来到了伊犁河流域。他们赶走当地的塞人，在伊犁河流域停留了10多年。公元前161年，附属匈奴的乌孙在其国王昆莫的统领下攻破大月氏，遭到重创的月氏人离开伊犁河流域，再度迁徙。

大月氏人穿越中亚的费尔干纳盆地，来到大宛西南部，阿姆河以北地区，击败了阿姆河上游希腊人建立的巴克特里亚王国（中国史书称大夏），迫使其臣服。大月氏遂建王廷于阿姆河北。从此大月氏离开中国，立国于中亚。

自南下大夏后，月氏人逐渐定居下来，并开始从事农业和商业，国家再度兴盛起来。汉武帝时期想要对匈奴用兵，曾派张骞出使大月氏联络，企图建立反匈奴联盟，大月氏因国泰民安，已经无意东归向匈奴复仇，张骞在月氏停留了一年后只好回国。到了1世纪上叶，大月氏的贵霜翕侯建立贵霜帝国，2世纪初成为横跨中亚和印度半岛西北部的大国。3世纪时贵霜帝国分裂，5世纪前期为嚈哒所灭。从此月氏人逐渐消亡在历史的长河中。

大月氏的西迁，曾对中国西北和中亚地区的历史产生过巨大的影响。大月氏迁移所经之处，到处都留下了他们的族裔，分布在西域的三十六国，有一部分就是大月氏人建立的。大月氏最后定居的阿姆河流域，是古丝绸之路的必经之地，因此大月氏曾是连接东西方文明的咽喉要道和重要枢纽，对欧亚经济文化交流发挥了重要作用，如中国历史上盛行的佛教，就是在东汉初年由大月氏贵霜王国传入的。

二、伊犁河畔，第二故乡——乌孙的西迁

乌孙是汉代至拓跋魏中叶分布在中国新疆北部的游牧部族，曾是

连接东西方草原交通的重要国家。

乌孙人最早居住在敦煌、祁连山之间,与月氏、匈奴为邻,以游牧的畜牧业为主,兼营狩猎,不务农耕。西汉初年,月氏开始崛起,攻夺乌孙领地,杀死其首领难兜靡,乌孙王族逃至匈奴,难兜靡的儿子猎骄靡由匈奴冒顿单于收养。猎骄靡长大后,请冒顿单于帮助复国,并与匈奴结盟,不断攻击伊犁河畔的月氏人,最终复仇成功,将月氏驱逐出伊犁河流域,从此,乌孙就留居在伊犁河谷,在赤谷城建都,建立了乌孙国。

伊犁河流域水源丰沛,牧草茂密,且处于丝绸之路的交通要道,乌孙国在此发展,得以拥有了强大的商业和军事力量,国势日盛。其疆土东至玛纳斯河,西到巴尔喀什湖及塔拉斯河中游的辽阔地区,南至天山山脉,北至阿尔泰山。

乌孙富强以后,常常怀念故地,并想摆脱匈奴的控制。汉武帝时期,大规模展开对匈奴的战争,令张骞出使西域,说服乌孙联合对抗匈奴。乌孙因不了解汉朝的国势,又畏惧匈奴,并不想东迁和匈奴抗衡。汉朝屡败匈奴,设河西四郡后,乌孙才逐渐与汉朝建立联系。公元前105年,汉武帝嫁细君公主给乌孙昆莫(乌孙王的名号)猎骄靡。后来,又将解忧公主嫁给即位的昆莫军须靡。双方结成紧密的同盟关系。汉宣帝时,汉朝和乌孙联合打击匈奴,匈奴死伤惨重,牲畜损失不可胜数,自此匈奴由盛转衰,逐渐退出西域,乌孙成为西域最强大的国家,与汉朝的联系日益加强,变为西汉的属国。

东汉时,乌孙一度归附于汉朝,贡献名马,并遣质子入侍东汉。北匈奴西迁时,曾与乌孙杂居。东汉末年,鲜卑兴起,向西进击乌孙,乌孙人被迫退入天山山脉。南北朝时,乌孙与北魏关系密切。之后,

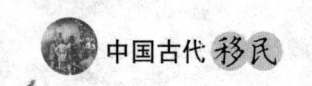

柔然、高车相继西进，没有了生存空间的乌孙人只好南迁到葱岭，从此渐渐湮没在历史的风沙中。

三、跋涉千里——青海为家吐谷浑

吐谷浑源于慕容鲜卑的一支，约在 3 世纪末，从辽东长途跋涉逐渐迁徙到今甘肃、青海等地驻牧。

"吐谷浑"原为人名，是慕容部落酋长慕容涉归的庶长子。魏晋时期鲜卑部落大裂变后，慕容涉归率部来到辽宁义县一带。慕容涉归死后，部众拥立其嫡次子慕容廆为可汗。作为长子的吐谷浑因为庶出，仅从父亲那里分到 1700 户的牧民。兄弟两人因争夺牧地而发生纠纷，这种紧张关系竟然以"马斗"为导火索爆发出来。《十六国春秋》记载了两部争斗的故事：

一天，吐谷浑和慕容廆两部的马在草场上撕咬起来，使慕容廆恼怒万分，他认为这场马斗是吐谷浑蓄意为之，就派人指责吐谷浑，说既然两兄弟已经分家，吐谷浑就应当率众远徙，避免两部马群共用草场导致争斗相伤。吐谷浑盛怒之下决定离开辽东，远迁别地。

吐谷浑首先率领部落西迁到阴山地区，在河套平原生活了近 20 年。拓跋鲜卑强大起来以后，吐谷浑不愿臣服于拓跋氏，便再次开始了西迁。他们一路翻过阴山，渡过黄河，跨越陇山、洮河，长途跋涉近 2000 公里，最后停留在今甘、青、川三省交界地方，与当地羌人杂居，并建立起颇具影响力的少数民族政权——吐谷浑。

十六国时期，吐谷浑初屈服于西秦，西秦被夏国攻灭后，吐谷浑占据西秦故地。东晋南朝时，吐谷浑部开始有雄视西垂之势。其时南北政权对峙，河西走廊被北方政权控制，东晋南朝与西域等国来往，都取道吐谷浑境内，吐谷浑由此成为中西陆路交通要道。

南朝齐梁年间，吐谷浑的势力达到顶峰，疆域空前辽阔，"东至叠川，西临于阗，北接高昌，东北通秦岭，方千余里"，势力已经拓展到今新疆东部。之后吐谷浑向北迁徙到青海湖附近，定居在布哈河入青海湖处的伏俟城。

到了唐时，吐谷浑为吐蕃攻灭，一部分部族留在故地，为吐蕃所役属；另一部分部族被唐朝安置在河西走廊，后来这批吐谷浑人又向东迁徙，散居在朔方和河东地区，逐渐融合到当时的各民族之中，族称不复存在。

第四节 兵临城下的逃亡——永嘉丧乱

西晋末年出现的"永嘉丧乱"，是中国历史上汉族所经历的一场空前惨烈的劫难，这场劫难同时也引发了中国历史上北方汉族人口南迁的第一次大潮，历史上称为"永嘉南渡"。

一、四海颠覆——"八王之乱"与晋室南迁

公元280年，西晋吞并吴国，重新统一了中国，晋武帝司马炎励精图治、虚心纳谏、用人唯贤，创造了盛世景象，使西晋国力强盛，社会安定，经济得到较大发展。但是好景不长，由于统治阶级骄奢淫逸，阶级矛盾逐渐激化，统治阶级内部争权夺利的斗争也日趋白热化。290年，司马炎去世，次子司马衷即位，是为惠帝。惠帝智力平庸，没有治理国家的才能，朝廷上下货贿公行，纲纪紊乱。惠帝的母后杨氏勾结自己的父亲太傅杨骏排除异己，干政弄权，引起公愤。惠帝皇后

贾南风秘密召见都督荆州诸军事的楚王司马玮进京，借助楚王司马玮、淮南王司马允等人的力量，诛杀杨骏及其党羽，任用汝南王司马亮等，后来为了削弱宗室亲王的势力，又指使惠帝杀害司马玮、司马亮等人。贾后滥杀皇室亲王引起宗室和诸大臣的不满，赵王司马伦进京，诛杀贾后及太子，自立为帝。不久，齐王司马冏、成都王司马颖、河间王司马颙等起兵讨伐赵王司马伦，双方大战持续两个多月，死伤10万人左右。此后，长沙王司马乂、东海王司马越等又相继卷入皇位争夺战，中原大地顿成腥风血雨的世界。

这场争夺皇位的斗争历时15年之久，整个黄河流域都被波及，因先后有8个皇族参与，所以称为"八王之乱"。旷日持久的战争不仅使黄河流域破坏严重，百姓流离失所，更为重要的是，这场空前的动乱不但加剧了西晋统治阶级内部的矛盾，从根本上动摇了西晋的统治根基，更使中原地区本就紧张的民族矛盾上升为社会矛盾中较为核心的部分。当时，入居中原的匈奴、鲜卑、羌等少数民族数量巨大，民族的混居不可避免地产生了民族间的冲突，使中国北方的社会问题更加复杂。"八王之乱"爆发之后，面对九州混乱、四海颠覆的情景，有强劲实力的各少数民族首领均不甘沉默，他们不愿在乱世中受人宰割，做无辜的牺牲品，于是趁机招兵买马，加入逐鹿中原的斗争，并纷纷在自己的地盘建立政权，风雨飘摇的西晋王朝从此走向崩溃，中国再次进入四分五裂的局面。

与此同时，全国各地暴发了严重的自然灾害。309年，全国大旱，长江、黄河、汉水、洛水等大河均濒临枯竭，一度断流。310年，幽、并、冀、秦、雍等六州（今河北、山西、陕西等地）发生严重蝗灾，蝗群飞过，遮天蔽日，草木庄稼皆被"洗劫一空"，甚至马、牛等牲畜的体毛都不能幸免。严重的旱灾和蝗灾导致北方各地粮食生产颗粒无收,大饥荒接踵而至,将本就饱受战祸之苦的北方人民推向了死亡的边缘,百姓流离失所,农民起义不断,黄河流域陷入一片混乱。史书记载当时"生民道尽,或死于干戈,或毙于饥馑,其幸而自存者十五(十分之五)焉"。在这样的情况下,大多数北方人已经无法在家乡生存,即使官吏士人也无以为生。如两晋名臣郗鉴回乡避乱,生活很穷困,以至于要挨饿,乡里人敬重他的名望德行,一起供养他。当时他的侄子郗迈与外甥周翼都还年幼,郗鉴吃饭时总是带着他们一起去。乡里人说:"我们大家都饥饿困乏,因为您的贤德,才一起接济您,小孩子恐怕就顾不上了。"于是郗鉴便一个人去就食,吃完时将饭塞满嘴中两颊边,回家后再吐出来给两个孩子吃,这样三人才都活了下来,一起南渡。

"八王之乱"、少数民族与晋朝的斗争以及少数民族之间的征伐,使中原地区的人民朝不保夕,如同生活在水深火热之中。异族入侵时的血腥屠戮和传统的"华夷之辨"的观念,使西晋的上层阶级谈虎色变,纷纷南下。贵族、官僚、地主的迁移引起大量宗族和奴仆人口的流动,而一般百姓面对强悍的少数民族根本无力回天,只能仓皇逃离家园,迁移到相对平静的南方地区。这次以汉族官僚、贵族、地主为先导,以大量宗族、奴仆为主体,同时涵盖广大农民的大规模人口南迁主要发生在西晋怀帝永嘉年间(307—312年),因此历史上称为"永嘉南迁"。这次南迁起始于永嘉年间,直到南朝宋元嘉年间(424—453年)才告一段落,持续了150年。

二、烽火中的移民——永嘉南渡

在中原地区烽火连天、血肉横流之际,北方大地上掀起了一浪高

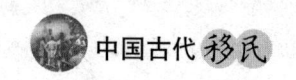

过一浪的南迁大潮，史称"永嘉南渡"。

"永嘉南渡"是汉人南下的第一次高潮，主要过程如下：

（1）永嘉初年，匈奴公开反晋，今河北、河南、山东、山西等地成为主要战场，这些地区和江苏、安徽淮北地区的流民相继渡过淮河、长江南迁。311年，洛阳失陷，引发了第一次难民潮，"中州士女避乱江左者十之六七"。316年，刘渊大将刘曜攻陷长安，晋愍帝出降，西晋王朝灭亡，四千余家逃出京城奔往汉中。第二年，皇族后裔司马睿在建康（今江苏省南京市）称帝，史称东晋。东晋的建立，对南奔的北方移民们产生了强大的吸引力，使他们燃起了新的希望，东晋首都建康及其附近地区很快成为宗室贵族、文武大臣、北方豪族的主要迁入区，"中原冠带随晋过江者百余家"，其中以王导、王敦为代表的琅琊王氏、以庾亮为代表的颍川庾氏、以祖逖为代表的范阳祖氏、以郗鉴为代表的高平郗氏、以谢安为代表的陈郡谢氏、以桓彝为代表的谯国桓氏、以荀崧为代表的颍川荀氏、以刁协为代表的渤海刁氏、以应詹为代表的汝南应氏等世家大族都是在这一时期渡江南下，成为支撑东晋政权的中坚力量。

在晋朝末年的南迁洪流中，由于北方割据势力林立，混战不断，一些北人的南迁过程相当复杂艰难。如河南阳翟的褚翜在永嘉四年（310年）就决定召集同乡亲朋，南下渡江避难。当他们走到山西阳城时，正遇到洛阳沦陷，褚翜与万余难民被迫和荥阳太守郭秀一起保卫万氏台，滞留时间达一年之久。次年，褚翜带领数千家万余人继续向东南迁移，结果又碰到流寇为乱，只好暂时留居在密县（今河南新密），直到愍帝建兴初年，褚翜等人才乘机东渡过江。个别难民的迁移经历更加艰险，途中被抢劫、掠卖、杀害者难以计数。正因如此，在晋末南迁的潮流中，难民们多以原籍或宗族为单位，或者依附于原籍的强宗大族、地方官员，集体行动。一个移民团体通常有数百人、上千人，多者达数万人，不少世族子弟充当迁移活动的领导者和组织者，这也是"永嘉南渡"的一个非常突出的特征。

（2）永嘉丧乱的酷烈，丧家辱国的悲痛，对故园梓里的思念，无时无刻不在折磨着漂泊江南的北方移民。收复中原，重归故土，成为无数南渡移民的梦想。因此，在南渡初期，不少北来移民的代表人士屡屡倡导北伐，力求光复中原。在有识之士的苦心劝说下，东晋朝廷曾先后派遣桓温、祖逖率军北伐，收复了黄河以南地区，但因为东晋政坛动荡不稳，统治阶级内部矛盾重重，北伐事业功亏一篑，晋军又被迫南撤。晋军的北伐促进了北方汉族南迁的第二波高潮，当时既有晋军的强制性迁移，也有百姓的自发行动。如350年庐江太守袁真攻占合肥，"迁其百姓而还"；354年桓温撤离关中，"徙关中三千余户而归"。

（3）东晋立国江南，偏安一隅，中原地区沦为北方少数民族的主战场。公元4世纪中期，前赵、后赵、前秦、后秦等少数民族政权逐鹿中原，连年的战火使北方大地一片疮痍，关中受到的破坏尤为严重，一部分来自关陇地区的流民多渡过樊水、沔水向南迁移，晋孝武在湖北襄阳侨立雍州，安置北来移民，另一部分关陕移民则进入四川盆地。

（4）420年，东晋权臣刘裕废晋自立，建立南朝第一个政权——刘宋。422年，刘裕病死，其子刘义符即位，后被废杀，刘裕第三子刘义隆称帝，史称宋文帝。宋文帝元嘉年间进行了三次北伐，一度收复了一些失地，但随着北伐的失败，收复的故土重新沦落敌手，淮北各州被北魏占领，大量中原人口再次渡淮南迁。在关陇地区，氐人的战

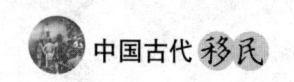

乱导致当地人民再度南下迁移到汉水流域和四川北部地区。

这几次移民高潮前后持续了100多年，据统计，南迁的移民主要来自山东、河北、河南、山西、陕西、甘肃和淮北地区，其中尤以山东和河南输出人口最多。移民南迁的路线基本一致，主要有东、中、西三条线路。在东线，移民沿着邗沟和淮河支流向东南迁移，因此位于邗沟南部的江苏扬州和长江以南的镇江、常州成为山东、苏北移民的聚居地。长江南北岸汇聚了大量北来移民，东晋在都城建康附近设置了第一个侨县——怀德县，用来安置来自琅琊的近千户北方移民。河南人也多向东南方向进入安徽。在中线，一部分关中移民和洛阳移民沿汉水向南行进，进入陕西汉中和湖北襄樊一带。西线是指关中移民经陆路由金牛道（南栈道）迁入四川。

这几次汉人南下，接受移民数量最多的是江苏省，设有23个侨郡、75个侨县，移民人口集中分布在南京、镇江、常州、扬州、淮阳等地。在移民的来源中，山东移民数量最多，占据一半以上，其次是河北、河南、山西、陕西，另外淮北地区也是源地之一。这一区域之所以能够接纳最多的移民，主要是与其地理位置的优越性以及东晋至南朝定都建康所形成的吸引力有关。

安徽接纳的移民数量位居第二位，移民人口主要来自河南，其次是河北、山东、山西，也有一部分江苏北部人口迁入。侨郡、县大多散布于江淮之间，江南仅集中在芜湖一带。

湖北境内接受移民的主要地区是汉水流域，从上游的郧西、竹溪，到下游的宜城、钟祥，均有分布，而以襄阳为中心。本区的移民主要来自陕西，其次是河南、甘肃，最后是河北、山西、安徽、四川。在长江上下游地区，移民数量也占不小的比例。长江上游的江陵、松滋一带，移民的主要源地是山西、陕西、河南，也有一些来自安徽和江苏的淮河流域的移民；长江下游的武昌、黄梅一带，大部分移民来自河南，少量移民来自安徽淮北。

江西、湖南两省距离中原遥远，只有少量移民到达，因此只在北部一小区域设置了几个侨县。

山东省内黄河东南一带一度为南朝所有，曾设置侨州郡县接纳黄河以北地区的移民，以及河南北部和山西的移民。

河南南部淮河流域主要接收本省北部的流民，也有一部分来自陕西、甘肃的移民。

陕西秦岭以南的汉中地区，主要安置来自四川、甘肃和陕西北部的移民。

整体上来看，移民的迁入地可以分为东、西两大区域：东区是指淮河流域和长江下游，主要接收来自山东、河北和河南东部的移民；西区包括汉水流域和长江上游，主要接收来自山西、陕西、甘肃和河南西部的移民。

关于这次南迁移民的数量，文献中没有确切、详细的记述，只能通过南朝刘宋时期的户口数找到蛛丝马迹。

根据《宋书·州郡志》记载，464 年，刘宋管辖下的户数为 901769 户，口数为 5174074，其中侨郡县的口数为 90 万人，占当时刘宋总口数的 1/6 强。而据专家学者考证，在东晋及其后的整个南朝时期存在着严重的户口隐、漏现象，当时刘宋政权的人口数量应不少于 1500 万，侨县人口数量应不少于 200 万，这是南渡初期移民经过百年发展形成的后裔总数。据了解，当时人口的年增长率大概为 5%，按照逆定理推算，东晋时移民的总数量应超过了 90 万。西晋末年有移民迁

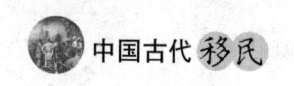

出的北方诸州和徐州的淮河以北地区大约有 140 万户、700 万口，据此推测，移民人数占当时北方移民输出区总人数的 1/8 左右。

> **知识链接**
>
> ### 侨置郡县与"土断之法"
>
> 东晋对"永嘉南渡"的移民，最初采取的是"侨置郡县"的方式。侨置郡县就是把北方的郡县名称移植在迁居的南方地区，如在京口（江苏镇江）设南徐州、南兖州等。侨置郡县内的人户被登记为"白籍"，与被登记为"黄籍"的土著人户不同，他们不必服徭役，也不必当兵和纳粮。这样就不可避免地导致了新旧人户之间的矛盾。
>
> 为了有效加强对南下移民的管理，东晋朝廷又逐渐实施"土断"之法。所谓"土断"，就是将客籍断为土著，通过将侨置郡县省并、改属、新立等，调节侨置郡县和土著郡县之间的矛盾冲突。土断之后，取消了土、客之分和"白籍""黄籍"之别，侨籍与客籍均变为土籍，与土著民户一样承担赋役，从而结束了侨置州县的历史。

三、南国里的变迁——北来移民的贡献

"上有天堂，下有苏杭"，苏州、杭州的美丽富庶构筑了人们梦想中的江南。然而，在魏晋南北朝之前，江南地区并不像今天这样美丽动人，那里的气候过于湿热，经济文化发展程度远远落后北方，被中原人视为荒僻的"蛮荒之地"。西汉司马迁曾在《史记》中描述："江南卑湿，丈夫早夭。""楚越之地，地广人稀……无积聚而多贫。"

江南地区的大规模开发是从永嘉南渡后开始的。这次人口南迁对

南方地区的发展具有重要意义，可以归纳为以下几个方面：

首先，大量移民的南下使南北方的人口比例发生了较大变化。西汉时期北方地区和南方地区的人口比为8∶2，到了隋朝转变为6∶4，人口差距大为缩小。人口的增加为江南地区的开发奠定了人力基础。

其次，移民的到来使南方的生产力水平有了大幅提高。移民来自农业和手工业都很发达的黄河流域，他们带来了先进的生产技术和经验，促进了南方的开发和经济的发展。

在移民分布较多的地区，先进的区田法和轮作复种制得到推广，如《晋书》记载，洛阳失陷后，河内人郭文南渡避难，隐居于吴兴大涤山，"区种菽麦，采竹叶木实"。区种法的传入提高了江南水稻的单位面积产量。此外，水稻栽培技术也有了提高，岭南地区出现了"冬种春熟、春种夏熟、秋种冬熟"的三熟稻。同时，北人南迁也使南方一些地区出现了小麦，东晋和刘宋都曾以朝廷名义下令推广种麦，小麦逐步成为南方地区一种重要的农作物。与农业发展息息相关的水利事业在当时也有很大发展。水利广泛兴修，有些地方已形成既可排涝又可灌溉的农田水利网。

手工业的发展也引人注目。纺织业和丝织业都得到极大发展，成都的织锦业闻名于世；刘宋灭后秦时，把关中锦工迁往江南，江南的织锦业也逐步推广，为日后金陵织造业的发展打下良好的基础，江南逐渐成为除齐、蜀之外一个新的纺织业中心。

农业和手工业的发展，又促进了当时商业和贸易的繁荣：造船业在孙吴的基础上继续发展；采盐和冶铁业相当发达；造纸业和青瓷制作都有了长足进步；建康发展为全国最大城市，不仅是当时南方的政

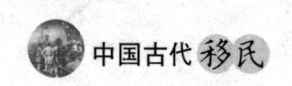

治中心，也是一个繁荣的商业都会；长江枢纽上的诸多城市成为南北贸易的中心。

汉人南迁在文化领域也引起了震动。北来的移民中包含着大量文人学者，他们的文化水平都比较高，带动了南方文化的发展，缩短了南方和北方在文化发展水平上的差距。唐人杜佑曾这样描述江南地区的文化状况："永嘉以后，帝室东迁，衣冠避难，多所萃止，艺文儒术，斯之为盛。今虽闾阎贱品，处力役之际，吟咏不辍，盖颜、谢、徐、庾之风扇焉。"

在人口流动的过程中，中原地区的音乐被引入南国，其中最著名的是清商乐。清商乐是曹魏时期铜雀伎表演的音乐舞蹈，因设有专门管理这类乐舞的官职——"清商令""清商丞"而得名。清商乐的主要内容是曹氏父子与其他文人撰写的歌辞，具有较高的艺术水准。

跟随汉人南迁的，还有北方方言的大规模南下。今天的江苏和安徽两省是首要的移民迁入地，尤其是江苏南京附近移民数量最为密集。这一时期，江淮之间的北方方言已取得优势地位，在南京、镇江一带，北方方言已与土生土长的吴方言鼎足而立，奠定了今天江淮官话的最初基础。

道教和佛教也在晋室南迁后发展壮大。北来移民中有不少道教徒，除了鼎鼎有名的王羲之外，孙秀族人孙恩也是五斗米道的信徒。道教最初形成于东汉顺帝年间（126—144年），在山东、江苏临海地区传播。其时，沛国丰（今江苏省徐州市丰县）人张道陵入四川成都，学道鹤鸣山，假托太上老君传授道法，著道书二十四篇，创立五斗米道，成为道教早期重要的流派。北方大批道教信徒南迁，使道教在士族和民间的下层群众中流传开来，形成了孙恩起义的社会基础。南迁的队伍中也包括了一些佛教徒，最著名的如竺潜、支遁、慧远。由于这些人的大力传播，佛教在东晋及南朝达到兴盛，尤其是南朝时期，寺庙林立，僧侣如云，"南朝四百八十寺"就是最好的写照。

总之，这次大规模的人口迁徙对江南地区的发展和南宋时期中国经济、文化中心的南移产生了极为深远的影响。

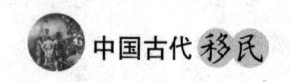

第三章　大一统大分裂中的移民——隋唐至宋元的人口迁徙

公元581年，杨坚夺取北周政权，建立隋朝，8年后统一全国，结束了汉末以来长期混乱的格局，中国历史进入第二个大一统时代。统一的局面持续了300多年，到了唐末，由于蕃镇割据，又出现了长达几十年的分裂，历史上称为五代十国。960年，赵匡胤夺取后周政权，建立北宋，他和他的后继者陆续消灭中原和南方的割据势力，实现了中国局部的统一。与此同时，周边的少数民族陆续建立辽、西夏、金等政权，与北宋形成对峙。1127年，辽国、北宋亡于金，宋宗室避居江南建立南宋，与金各占半壁江山。蒙古族崛起后建立元朝，先后灭西夏、金和南宋，于1279年统一全国，至此中国进入又一个大一统时代。

从隋唐到宋元，统一、分裂局面的交替出现，王朝的更迭起伏，都促进了人口的大规模流动，使移民的特点鲜明。这一时期的人口迁徙主要表现为两大类型，一是少数民族的内迁，如隋唐时期突厥的内迁、宋元时期金人和蒙古人的内迁；二是战争引起的以避难为目的的人口迁徙，如"安史之乱"和"靖康之乱"后汉人的大规模南下。

上　编　浮光掠影——中国历史上波澜壮阔的移民活动

第一节　而今胡越是一家——隋唐时期周边民族的内徙

隋唐是中国历史上民族融合的重要时期，大量少数民族纷纷内迁，形成了"五胡乱华"之后又一次民族迁徙的高潮。

这一时期迁入的少数民族主要有突厥、回纥、吐蕃、契丹、党项、靺鞨等。少数民族的内迁过程大致分为两个阶段：

第一阶段：隋初至安史之乱爆发前。这是中国封建社会的鼎盛期，中原王朝国力强盛，政治、经济和文化都高度繁荣，被誉为中国历史的"黄金时代"。统治者实行开明、开放的民族政策，尤其是唐太宗"华夷一家"的观念，对边疆少数民族产生了巨大影响。很多少数民族因仰慕中原先进的经济文化生活而内迁，也有一些民族是被唐朝征服后强制性迁入的。

第二阶段：安史之乱至唐后期。安史之乱中，有很多少数民族加入叛军行列，唐政府也大量招募少数民族参军。战乱平息后，有很多人便在内地定居下来。此外，也有一些少数民族趁唐朝国力衰弱、边备空虚而大量内迁。

这一节重点介绍隋唐时期突厥、回纥、吐蕃、靺鞨的迁徙情况。契丹和党项的迁移历史放入下一节。

一、突厥

突厥是中国北方草原地区继匈奴之后又一个重要的游牧民族，从南北朝后期开始出现在中国的史籍上。

6世纪中叶，突厥是兴起于阿尔泰山地区的一个游牧部落。552年，

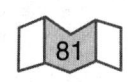

突厥消灭柔然汗国，建立突厥汗国。583年，突厥汗国以阿尔泰山为界，分为东、西两大势力。630年，唐朝发兵击败东突厥汗国。657年，唐朝联合回纥灭西突厥汗国，中央政权完全统一西域。682年，安置在北方的东突厥部众反叛唐朝，一度建立了后突厥汗国政权。744年，唐朝与漠北回纥、葛逻禄等联手平定了后突厥汗国。回纥首领骨力裴罗因功被册封为怀仁可汗，在漠北建立回纥汗国。突厥作为我国古代的一个游牧民族，随着汗国的消亡于8世纪中后期解体，并在西迁中亚西亚过程中与当地部族融合，形成多个新的民族，新的民族与古突厥民族有本质区别。从此，突厥在我国北方退出历史舞台。

总之，隋唐时期迁居内地的突厥人大约有25万，其部众主要被安置在河套平原及其附近地区的丰、胜、灵、夏、朔等州，相当于今宁夏、陕西、山西北部和内蒙古南部地区，上层贵族则主要居住在以长安为中心的关中地区。

二、回纥

回纥亦称回鹘，为铁勒的一支，最初游牧于贝加尔湖一带，北魏时活动于鄂尔浑河和色楞格河流域，且处于突厥汗国的统治之下。隋唐时期的回纥人，活动在蒙古高原，曾经有乌护、乌纥、袁纥、韦纥、回纥等多种汉译名称。回纥人为了反抗突厥的压迫和奴役，联合铁勒诸部中的仆固、同罗等部组成了回纥部落联盟。744年，统一了回纥各部的首领骨力裴罗受唐朝册封。788年，回纥统治者上书唐朝，自请改为"回鹘"。840年，回鹘汗国被黠戛斯攻破，回鹘人除一部分迁入内地同汉人融合外，其余分为3支：一支迁往吐鲁番盆地和今天的吉木萨尔地区，建立了高昌回鹘王国；一支迁往河西走廊，与当地诸族交往融合，形成裕固族；一支迁往帕米尔以西，后分布在中亚至今喀什一带，与葛逻禄、样磨等部族一起建立了喀喇汗王朝。回鹘人相继融合了吐鲁番盆地的汉人、塔里木盆地的焉耆人、龟兹人、于阗人、疏勒人等，构成近代维吾尔族的主体。

三、吐蕃

吐蕃是古代藏族在青藏高原建立的政权。公元6世纪，吐蕃开始由部落联盟发展成为奴隶制政权，势力向北发展到拉萨河流域。到了7世纪前期首领松赞干布在位时，陆续征服了西藏地区诸部，建立起一个强大的吐蕃王朝。

吐蕃的对外扩张，是从唐太宗年间开始的。贞观十二年（638年），吐蕃进攻吐谷浑，"吐谷浑不能支，遁于青海之北，民、畜多为吐蕃所掠"。接着又击败党项、白兰诸羌，部众20万屯于松州（今四川省阿坝藏族羌族自治州松潘县）西境。公元663年，吐蕃灭吐谷浑，势力进入西域。

与吐蕃对外扩张同步的，是对被占领地区的移民。移民中，军队的数量占据了相当大的比例。吐蕃每占领一个地方，便会筑城或寨堡，留兵把守，守兵少则数千人，多则数万人。这批人大多在当地定居了下来。此外，移民队伍中也有不少奴隶、随从。按照吐蕃的军事制度，"出师必发豪室，皆以奴从，平时散处耕牧"，而奴仆"往往一家至十数人，由是吐蕃之众多"。由此带来了民族和人口的迁徙流动。可以说，吐蕃的对外扩张过程，就是其民族迁徙的过程。

以上是吐蕃向青海高原、川西高原的扩张性移民。安史之乱后，吐蕃开始了向内地迁徙的历史。

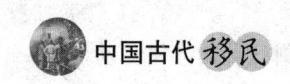

755年，唐朝发生安史之乱，为了镇压叛军，唐政府将大量戍守陇右、河西的唐军东调，导致西部防务空虚，吐蕃乘虚而入，攻占河西、陇右之地。接着，频频进兵关中，自今陕西凤翔以西，彬州以北，"皆为左衽"。河西走廊的甘、凉、瓜、肃等州，吐蕃人在当地占了相当比例。吐蕃与内地的汉人杂居，较多地接触到中原地区先进的经济文化，对吐蕃移民产生了重要影响。此外，在唐蕃的战争中，不少吐蕃人被俘，被迁往今四川、云南和其他地区。

9世纪以后，吐蕃开始由盛转衰，不能再向外扩张。821年，吐蕃与唐和盟，"彼此不为寇敌，不举兵革"，结束了唐蕃间的长期战争。此后吐蕃内部因争权发生分裂，到了9世纪中叶走向了衰亡。

知识链接

文成公主入藏

唐朝前期，唐蕃的关系一度处于友好状态。唐太宗时励精图治，开创了政治清明、经济复苏、文化繁荣的盛世局面。松赞干布十分仰慕唐朝，积极谋求与唐朝建立友好亲密的关系。贞观十四年（640年），松赞干布派大相禄东赞携黄金、珍宝等来向唐太宗求亲，唐太宗于是把一位宗室女封为文成公主，下嫁给松赞干布。文成公主入藏，带去了大量工程技术人员，以及各种图书典籍，如医书、佛经、字典、历算、工艺著作、耕作之书等，增进了汉藏民族之间的友好交流。此外，从文成公主和亲到松赞干布去世，唐蕃之间十年没有爆发战争。

四、靺鞨

靺鞨，是隋唐时期主要活跃在中国东北地区的民族。周朝到西汉时称为肃慎，东汉至魏晋时称为挹娄，南北朝时称为勿吉。

北魏延兴五年（475年），勿吉遣使到北魏朝贡，之后该民族与中原的关系日益紧密，并逐渐兴盛起来。到了隋代，勿吉转称靺鞨，亦派使者前来朝贡。此时靺鞨主要有粟末、伯咄、安车骨、拂涅、号室、黑水、白山7个部落。最南面为粟末部，分布在长白山区，发展最快。最北面为黑水部，分布在黑龙江下游。

隋炀帝时，粟末靺鞨厥稽部的首领突地稽率千余户降附隋朝，迁居营州（今辽宁省朝阳市），突地稽被授以"金紫光禄大夫、辽西太守"。唐初，居于营州的突地稽部遣使朝贡，唐高祖"以其部置燕州"，并"拜突地稽为总管"。后来燕州侨治幽州城内，燕州统辖的靺鞨移民及其后裔长期居住幽州。

唐初，粟末靺鞨的一支乌素固部归附，唐高祖在其地设慎州安置其民，隶属营州，后将其民置于黎州。武则天时期，契丹首领李尽忠举兵反叛，攻占营州，居住在黎州的靺鞨人被迁到宋州（治所在今河南省商丘市），居住在慎州的靺鞨人被迁到淄州（治所在今山东省淄博市）、青州（治所在今山东省益都）。叛乱平定后，南迁的靺鞨人悉数北还，居住于幽州。

唐高宗年间，唐灭高丽国。臣服高丽的粟末靺鞨，一部分迁居营州，与先前移来的靺鞨人并居一地；另一部分则退往东牟山。契丹首领李尽忠占领营州后，居住此地的粟末靺鞨也趁机反唐，在其首领的率领下返回故地，后来建立"震国"。713年，唐招抚粟末靺鞨，册封其首领大祚荣为"左骁卫大将军、渤海郡王"，又"以其所统为忽汗州，领汗州都督"。自此以后，粟末靺鞨专称渤海，其辖地包括今东北地区东部、朝鲜半岛北部和俄罗斯滨海边疆区。

渤海国向往中原先进的文化，与唐朝往来十分频繁，数次遣学生到长安太学习识古今制度，抄写《汉书》《三国志》《晋书》《十六国春秋》等古籍，其政治、经济、文化、军事等无不深受中原影响，被称为"海东盛国"。到了10世纪前半叶，契丹崛起。926年，契丹首领耶律阿保机亲征渤海，最终攻灭渤海政权。在灭渤海过程中，大约有3.6万户渤海人被迁移到契丹腹地上京临潢府（今内蒙古自治区巴林左旗）。渤海灭亡后，又有5万多户渤海移民被迁徙到辽东半岛。此外，有数万户渤海人徙居高丽，并入中原、逃往女真地区的渤海人也有很多。

第二节　民族纷争中的移民——辽金夏的民族迁移与对峙

盛唐过后，中央王朝大一统的局面再次被打破，历史又一次进入合久之后的分离。一时间，马蹄声急战鼓喧，厮杀声响彻寰宇。在群雄并起的历史舞台，几个内迁的边疆民族脱颖而出，先后建立了属于自己的政权，这就是契丹人建立的辽国、女真人建立的金国、党项人建立的西夏。

这一节主要介绍辽、金、夏三个民族政权的发展史与迁徙史。

一、草原帝国的前世今生——契丹人的迁徙与辽国的兴衰

契丹源于东胡，是鲜卑族宇文部的一支，北魏时始见其名号。文献记载，契丹族共有8个部落，早期主要在潢水（今内蒙古自治区赤峰西拉木伦河）和黄龙（今吉林省长春市农安县）一带活动，平时逐水草而居，过着游牧生活。

契丹族向中原地区的迁徙可以追溯到北魏太和年间。《魏书·契丹传》提到，北魏后期，高句丽与柔然联合，谋划瓜分契丹北部的土地，"契丹惧其侵轶，其莫弗贺勿于率其部落车三千乘，众万余口，驱徙杂畜，求入内附，止于白狼水东"，白狼水东即今辽宁省内大凌河中下游以北以东地区，这是契丹人第一次大规模内附。到了北齐时，文宣帝高洋北征契丹，俘获大量契丹人口，将其安置在汉族地区，这是契丹人的再次内迁。唐朝初期，突厥称雄北方草原，契丹依附于突厥汗国的统治之下。唐朝强大起来以后，契丹臣服于唐朝，多次率部内徙，被安置在营州、幽州等地。唐朝中后期，契丹的实力逐渐壮大，到了唐末五代，开始走向强盛。正如《新五代史》中所言："隋、唐之间，突厥为大，其后有吐蕃、回鹘之强。五代之际，以名见中国者十七八，而契丹最盛。"

契丹的崛起离不开一个重要的人物——耶律阿保机。他是唐朝末年契丹族的首领，907年即可汗位，几年后统一各部，到了916年创建契丹国，自称皇帝，成为北方最强大的力量。926年，契丹国灭渤海国，占领东北地区，结束了东北长期群雄割据的局面。不久，耶律阿保机病逝，他的儿子耶律德光登基为大汗。耶律德光在位期间，不断向南扩张，并参与中原地区的政治角逐。936年，后唐权臣石敬瑭起兵反叛，以割地、称臣、称儿为条件，请求契丹出兵相助。耶律德光遂率军南下，击败唐军，立石敬瑭为帝，建立后晋政权。后晋割幽云十六州给契丹，从此契丹便以此为基地，凌逼中原。947年，耶律德光正式称帝，改国号为"辽"。辽军经常南下侵扰中原，双方战争不断，直到1004年辽、宋订立澶渊之盟，才迎来和平局面，最终形成辽、宋、夏三朝鼎立的局势。

在辽与中原王朝长期对峙期间，有不少契丹人因政治军事和自然原因而迁移到幽云和中原地区。此外，也有一部分汉人被迁入辽的统治区域。

契丹人占领幽云十六州以后，为了巩固这一地区的统治，曾将东北地区的契丹人和渤海人迁入此地。如942年耶律德光下令契丹人户分屯南边，迁入幽云地区。此后，不断有契丹人迁居幽云。尤其是幽州一带，契丹的移民人数最多。

在契丹与中原政权作战的过程中，有一部分契丹人因被策反、俘虏，或为躲避战乱和灾害而南迁中原。如辽太宗天显元年（926年），卢龙节度使卢文进被后唐策反，率10万人内附；辽穆宗应历二年（952年），瀛、莫、幽等州发生严重水灾，大批流民涌入中原，"入塞者数十万口"；辽圣宗统和四年（986年），宋将潘美攻下幽云十六州中的寰州、朔州、云州、应州，将四州人民7.8万口迁往宋朝的汝、许等州……

澶渊之盟以后，辽国的国势逐渐衰落。到了天祚帝末年，金国开始发动灭辽的战争，先后攻下辽五京（上京临潢府、中京大定府、东京辽阳府、南京析津府、西京大同府），天祚帝逃亡沙漠。1125年，天祚帝被俘，辽国灭亡。

金灭辽以后，一小部分契丹人在辽国皇族耶律大石的率领下远征中亚，建立了另一个重要民族政权——西辽，从此这些西迁的契丹人就在中亚立足。而大部分契丹人则被金军驱逐故地，迁往四方：有的迁至金国内地（以会宁府为中心的金国发祥地，在今黑龙江省阿城一带），有的被征入金国军中，有的迁到中原，还有一些向今内蒙古中部和蒙古国境内转移。

> **知识链接**
>
> ### 耶律大石西征
>
> 1125年，金国灭辽。在辽亡的前一年，辽太祖八世孙耶律大石率领亲随200人向西北方向转移，以图保存实力，东山再起。耶律大石一行从夹山（今内蒙古自治区呼和浩特市西北）过黑水，翻越大漠到达可敦城（在今蒙古国土拉河上游），召集当地七州十八部之众，"得精兵万余"。此后，耶律大石在可敦城苦心经营，积蓄力量，并积极联络西夏、鞑靼等政权对抗金国。但由于金国正处于强势时期，目前难以与之抗衡，为了壮大实力，耶律大石决心向西开拓。1130年春，耶律大石率领6万军民开始西征。他们穿过阿尔泰山，经过高昌回鹘汗国（今新疆维吾尔自治区吐鲁番市一带），到达今新疆额敏县一带，修筑起一座叶密立城作为根据地。1132年春，耶律大石在文武百官的簇拥下称帝，建立哈喇契丹国，史称"西辽"。立国以后，耶律大石多次东征金国，都未取得大的战果，于是将扩张重心转向中亚，发展成为中亚地区的强国。1218年，西辽被铁木真建立的蒙古国所灭。

二、渔猎民族的华丽变身——女真族的迁徙和金国历史

建立金国的女真族是一支古老的民族，源自东北地区的靺鞨部落。唐朝前期，靺鞨部落以粟末靺鞨和黑水靺鞨最强，二者皆臣服于唐朝。粟末靺鞨建立渤海国以后，逐渐吞并黑水靺鞨之外的其余靺鞨。到了唐朝中后期，由于唐朝国力渐衰，黑水靺鞨转而附属渤海。五代时，渤海为契丹人所灭，黑水靺鞨又归属于契丹的统治之下，改称为"女

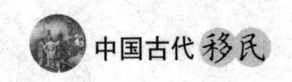

真",或称"女直"。

契丹人采取分而治之的方式,对女真进行统治。他们按照各部女真的居住地和社会发展状况,将女真分为"熟女真""生女真"两部分。熟女真居住在今辽宁和吉林南部,受中原先进经济文化影响较深,社会生产以定居农耕为主,经济发展较快,被编入契丹户籍,向辽提供赋税和兵役,也称为系籍女真,首领接受辽官号与信印。生女真分布在黑龙江中下游、松花江中下游和长白山等地,以渔猎为主要生产方式,经济发展落后,人户不入契丹户籍,只纳贡赋,称为不系籍女真。建立金国的完颜部就是属于生女真。

完颜部是生女真中较大的部落,最初活动于今黑龙江阿城一带,10世纪末南迁,定居在安出虎水(今阿什河)流域,修建房屋,种植五谷,完成了由游牧向定居生活的重要转变。11世纪,完颜部逐渐强大起来,掌握了冶铁技术,生产力获得迅速提高,到了12世纪初,统一了女真各部。1115年,女真首领完颜阿骨打灭辽,建立金国。1126年,南下灭北宋。

在据有东北地区和中原地区之后,为了控制大片国土,女真人的南迁成为大势所趋。女真人以猛安谋克为组织形式,不断迁移到新的占领区域。猛安,在女真语中是军事酋长的意思;谋克,是氏族长的意思。猛安谋克原是女真人围猎时的一种组织编制,后来发展为兵农一体化的社会与军事制度。其成员平时从事狩猎、捕鱼等劳动,遇到战争,青壮年才准备武器、军马、粮草,应召去打仗。阿骨打起兵反辽后,将猛安谋克制改变为以户为单位编制的军事组织和地方行政组织,规定三百户为一谋克,十谋克为一猛安。同时,每征服一个地区,就迁入大批猛安谋克,巩固女真人在该地区的统治。因此,猛安谋克的迁徙实际上反映出女真族的迁移轨迹。

猛安谋克的南迁最早可以追溯到1116年。当时完颜阿骨打起兵抗辽，首先攻克边境重镇宁江州，为镇守此地，便"分鸭挞、阿懒所迁谋克二千户"屯驻。两年后，女真人又占领辽军事要塞黄龙府，亦迁猛安谋克入居。1121年，金人攻拔辽泰州，将原居住在安出虎水和宁江州的猛安谋克民户万余，迁到泰州屯种。

金太宗吴乞买攻灭北宋后，占领了黄河以北广大地区，随即陆续把大批的女真人从东北迁入中原。迁徙最早开始于天会十一年（1133年），当时，以"八字军"为代表的北方汉族人民抗金斗争不断，刚刚扶植起来的刘豫傀儡政权无力应对，金国统治者为了维护在中原的统治，决定将女真人大量南迁。史料记载，"金左副元帅宗维（翰）悉起女真土人散居汉地，惟金主及将相亲属卫兵之家得留"，"令下之日，比屋连村，屯结而起"。可见这次移民的规模是空前的。

金熙宗皇统元年（1141年），金与南宋达成"绍兴和议"，淮河以北的大片土地划归金国，为了能在中原长治久安，女真人再次掀起南迁的高潮。皇统五年（1145年），金国创屯田军，"凡女真契丹之人，皆自本部徙中州，与百姓杂处。……自燕山之南，淮陇之北皆有之，多至六万人，皆筑垒于村落间"。猛安谋克以大分散、小集中的格局与当地汉人杂居，政府按照户口给予官田，使各自播种，充实口粮。这次南迁标志着女真人向华北地区大规模的迁移基本完成，至此，女真人的足迹遍布淮河以北的大片国土，与金国的疆域拓展大体吻合。

贞元元年（1153年），金国国主完颜亮将都城迁至燕京（今北京市，后改称中都），因担心东北地区的女真贵族势力庞大，图谋不轨，故不问疏近，将上京宗室诸王的猛安谋克一并南迁，由此形成女真人第三次南下的浪潮。这次移民主要被安置在今北京、河北、山东等地。

以上是金国中前期猛安谋克的几次大规模内迁，加上其间数次小规模的迁徙，大概有 2/3 的女真人迁移到了中原地区，与汉族人口形成交错杂居的格局。

完颜亮以后，女真人基本停止大规模的南迁活动，直到金国末年蒙古人大举攻金，又一次掀起南迁的高潮。

1214 年，金宣宗完颜珣将都城南迁到开封，在黄河以北的几百万猛安谋克悉数迁至黄河以南，河南、陕西成为女真人分布最多的地域。等到金国灭亡以后，这些南迁的女真人大部分又迁回了北方各地，归属于蒙古人的统治之下。

三、从夹缝求生到雄峙西北——西夏党项的崛起和衰亡

党项是羌族的一支，故又称党项羌。南北朝时开始活跃于中国西北地区，主要分布在四川北部、青海南部一带。

隋朝时，一些党项部落看到隋朝军队的强大和先进，开始内附隋朝。585 年，党项羌首领拓跋宁丛率众在旭州（今甘肃省陇南市临潭县）降隋，受封大将军。这是党项贵族被中原汉族政权第一次厚封为将军。之后又陆续有党项人归附，被安置在今四川松潘以西地区。不过，伴随整个隋朝的，是党项时附时叛的历史。595 年，内附的党项进犯叠州（今甘肃省南部甘南藏族自治州迭部县一带），次年侵扰会州，被隋军击败，隋文帝责备党项使者说："人生须有定居，养老长幼，而乃乍还乍走，不羞乡里邪？"

唐朝初年，百废待兴，党项一方面常与吐谷浑联合骚扰西北边境，另一方面又派使者朝贡。到了贞观年间，唐太宗出兵灭掉东突厥，十

几万突厥人降唐，周边各族为之震动。此时青藏高原吐蕃崛起，势力逐渐扩展，党项族不堪吐蕃的侵扰，纷纷请求内徙。《旧唐书》记载，到贞观六年（632年）时，"党项羌前后内属者三十万口"。唐朝在党项羌生活的地区设置数十个羁縻州，用以安置内附的党项羌。唐高宗即位后，吐蕃势力继续向北扩张，先后击破十几个党项羁縻州，一些党项人被迫向内地迁徙，被唐政府安置在庆州（今甘肃省庆阳市），归静边州都督府管辖，留在原地者受吐蕃统治，吐蕃称为"弭药"。

安史之乱爆发后，吐蕃夺取了河西之地，散布在盐（今宁夏回族自治区吴忠市盐池）、庆等州党项羌也常常趁机骚扰周围的地区，唐朝统治者担心吐蕃和党项联络勾结，对京畿造成威胁，于是下令将这一地区的党项部落东迁到银州（今属陕西省榆林市米脂县）以北、夏州（今属陕西省榆林市靖边县）以东地区。与此同时，在绥州（今陕西省榆林市绥德县）、延州（今陕西省延安市）一带也安置了大批内迁党项羌。至此，在黄土高原地区分布的党项羌基本形成了两大部落：居夏州者称平夏部，居庆州者称东山部。

永泰（765年）、大历（766—779年）以后，吐蕃继续向东北方向进扰，迫使一部分党项羌离开陕北黄土高原地区东渡黄河，进入今山西境内。这部分党项人在山西生活了几年，由于不堪忍受官吏的盘剥，率领部落过河又回到了黄河以西的陕西境内。这是党项羌迁徙过程中抵达最东边的一支。

唐末爆发黄巢起义，党项平夏部首领拓跋思恭助唐镇压，因功被赐予李姓，封为定难军节度使，统辖夏、银、绥、宥（今陕西省榆林市靖边县）、静（今陕西省榆林市米脂县）五州，治所在夏州。此后，夏州党项羌成为颇具实力的地方割据势力，不断发展壮大。

五代时，夏州党项先后归降后梁、后唐、后晋、后汉和后周，继续占有夏州之地。北宋太宗太平兴国七年（982年），夏州节度使李继捧因党项内乱被迫附宋，献出所辖银、夏、绥、宥、静五州，并留居京师。其族弟李继迁拒绝内迁附宋，率领部众来到党项族聚居的地斤泽（今内蒙古自治区鄂尔多斯鄂托克旗东北），集结力量与北宋对抗，逐渐壮大。991年，李继迁攻占银、绥二州，后强迁绥州居民于平夏（今宁夏回族自治区固原市）。1002年，李继迁率部攻占灵州（今宁夏回族自治区灵武市），次年迁"银、夏州民衣食稍丰者"到灵州。1038年，李继迁之孙李元昊于兴州（今宁夏回族自治区银川市，后改称兴庆府）即皇帝位，国号大夏，由于其在中国西北部，故又称西夏。灵州—兴庆府一带成为西夏的统治中心和国内外移民的主要迁入地。

在11世纪中叶至12世纪30年代的近百年中，北宋与西夏处于时战时和的状态，双方之间的人口迁移也比较复杂。

迁入西夏的北宋人民，主要有三类：一类是在战争中被西夏军队俘掠的汉人，如宋徽宗崇宁四年（1105年），西夏军攻入镇戎军（治所在今宁夏回族自治区固原市一带），数万名汉人被掠去；另一类是在中原不得志的知识分子或犯有过错的罪犯，他们在西夏的招徕下逃往夏境，据说李元昊的谋士张元、吴昊都是宋人，因不被宋朝所用，进入西夏，"夏人倚为谋主，以抗朝廷"；还有一类是为生计所迫而流入西夏的宋人，往往是一些贫民。这些移民与西夏本地的汉人及党项人共同构成了西夏人口的主体。

迁居宋境的西夏人，多数是为宋夏对抗时被宋军驱迫，或在战争中沦为俘虏而内迁，也有一部分人是与西夏统治集团不和而迁移，如1067年党项羌横山族帐首领嵬名山因与国主李谅祚有隙，率部万余人归顺北宋，迁入绥州境。

汉族和党项族的双向迁移，对西夏的发展有着深刻的影响。党项族在唐代迁入内地以后就开始接受汉文化，立国西北之后更是推行汉化政策，不仅学习儒家经典，还改革官制、兵制、法律、礼乐等典章制度，对投奔西夏的汉族能人委以重用，大大加速了党项人文明进步的步伐。

西夏末年，受到蒙古的威胁。在两国的交战中，一部分党项人逃向了中原。1227 年，蒙古灭夏，另一部分党项人留居原地，还有一部分党项人辗转千里迁入今四川甘孜木雅地区，还有一部分党项人投降金国，移居唐州、邓州、申州、裕州等地（大致在今河南南阳和信阳一带）。元朝建立后，党项人被列为色目人之一，是仅次于蒙古族的第二等级，其中有相当一部分人随着蒙古族的战争步伐移居到了中原各地，此外，还有许多西夏人被迁移到了西域。

第三节 血泪悲歌——刀光剑影下的迁移浪潮

被动迁徙是中国古代人口迁徙的主要方式，而影响被动迁徙的一大因素就是战争，往往战争一爆发，民不聊生而逃难。中国历史上由战争推动的人口大迁徙主要有三次，除了上一章节提及的西晋永嘉之乱，另外两次迁徙大潮就是唐代中后期安史之乱和北宋末年靖康之乱导致的人口流动。此外，辽金元时期的"贞祐南渡"也是一场躲避战乱的移民行动。

一、繁华成梦——"安史之乱"引起的人口流动

唐玄宗李隆基统治前期，励精图治，国家的政治、经济、文化都

达到空前的繁荣,唐朝进入全盛时代,历史上称为"开元盛世"。但是,盛世的局面仅维持了20多年,一切就都化为了泡影。

开元后期开始,唐玄宗逐渐变得贪图享受,骄奢淫逸,远贤亲奸,使朝政荒废,各种社会矛盾日益加深。天宝初年,为拓地御边,以重兵设立范阳、朔方、陇右、河西、安西、北庭、剑南等十镇节度使。这些节度使最大的特点就是专权,由中央授予节杖,统管地方上的军政、民政、财政大权,俨然成为割据一方的诸侯。据史书记载,天宝年间节度使掌控的军队有50万之多,而中央的兵力只有10万左右,外重内轻的格局,对中央集权的统治构成了威胁。唐玄宗天宝十四载(755年)冬天,拥兵15万的范阳、河东、平卢三镇节度使安禄山,与其部将史思明在范阳发动叛乱,战火燃遍华北广大地区,直到宝应二年(763年)才被扑灭,历时八年,史称"安史之乱"。

八年的激战,使繁华一时的大唐瞬间跌落低谷,昔日盛景不复存在,中原大地满目疮痍。

战争对全国人口最密集的中原地区造成了极为严重的破坏。安史叛军杀戮成性,所到之处无恶不作,导致大量百姓非死即徙,人口急剧减少,黄河流域"人烟断绝,千里萧条",其中河北为首难之地,"弄桑井邑,靡获安居,骨肉室家,不能相保",洛阳以东至徐州,"中间畿内,不满千户,井邑榛棘,豺狼所嗥",关中地区也是"闾井萧然,百不存十"。据官方统计,安史之乱前,全国人口有5288万人,乱后只剩1699万人,总数不及此前的1/3。

更为严重的是,叛乱平息后,藩镇割据的态势愈演愈烈,严重削弱了中央集权的力量。唐朝后期,藩镇与朝廷之间的战争频仍,而且藩镇之间为了争夺地盘也战事不断,导致唐朝后期社会的大动荡。此外，吐蕃等少数民族也趁唐王朝衰落而内侵，更加剧了北方的混乱局面。唐朝灭亡以后，北方五代更迭，战乱一直无法平息。

与北方地区的混乱形成鲜明对照的是，同一时期的南方地区却比较安定，物产丰富，土地充裕，而且经过永嘉南渡后移民的开发，这里的经济、文化都有了较大发展，因此对北方人民产生了强大吸引力。于是在安史之乱到北宋建立之前的200年间，北方汉人又纷纷南下避乱，形成了中国历史上北人南迁的第二次高潮。李白诗"三川北虏乱如麻，四海南奔似永嘉"即是这次大迁徙的真实写照。

此次汉族人口南迁大致可以分为四个阶段：

第一阶段：安史之乱时期的人口南迁。

安史之乱爆发后，北方地区的人民为了躲避战祸纷纷外迁。756年，东京洛阳被叛军攻破，大量士民南奔，临近河南的湖北荆州、襄阳一带成为移民的主要迁入地，人口迅速膨胀，"荆南井邑，十倍其初"。京师长安沦陷前，唐玄宗带领文武百官入蜀避难，不少民众也随之迁徙四川，形成了黄河流域居民入蜀的高潮。据高适称："比日关中米贵，而衣冠士庶颇亦出（长安）城，山南剑南，道路相望，村坊市肆，与蜀人杂居。"此外，奔向江南吴地的移民也有很多，"士君子多以家渡江东"，时称"安禄山反，天子去蜀，名士奔吴，为人海"。还有不少士人南下浙江，"登会稽者如鳞介之集渊薮"。

肃宗上元年间（760—761年），宋州刺史、淮西节度副使刘展发动叛乱，横扫江淮地区，常州、苏州等地遭到严重破坏，尤其是常州，"自狂虏肆乱，江湖流毒，地荒人亡，十里一室"。大量难民为了躲避战火，纷纷涌入江南地区，时人有"天下衣冠士庶避地东吴"之语。

第二阶段：藩镇割据时期的人口南迁。

安史之乱平定以后，中原地区并未获得太平，节度使的势力比乱前更加强大，"方镇相望于内地，大者连州十余，小者犹兼三四"。各地藩镇的林立，大大降低了唐朝在政治、军事上的控制力，自唐德宗建中元年（780年）开始，局部地区的藩镇之乱时有发生。据统计，从广德元年到乾符元年（763—874年）的100多年间，发生过65起藩镇动乱。而唐德宗时期爆发的"四镇之乱"，差点颠覆了唐王朝的中央政权。在唐朝中央政府与藩镇交锋的过程中，也伴随着人口的大迁徙。双方博弈的主要战场在华北地区，因此这一带成为人口迁移的主要来源地。与此同时，关中地区因自然灾害、吐蕃入侵和藩镇叛乱等原因，出外避难者也有不少，是仅次于华北的第二大人口外迁地。总体来看，华北地区的难民多避难江南，关中地区的难民则主要迁移到四川。

藩镇割据时期规模较大的移民当属四镇之乱和泾原兵变引起的人口迁徙。唐德宗建中二年（781年），成德节度使李宝臣死，其子李惟岳要求承袭父职，未得到朝廷批准，于是联合魏博、淄青、山南东道三镇节度使共同举兵。唐德宗下令淮西节度使李希烈讨伐叛军，结果李希烈亦反，将襄阳一带据为己有，蕲州刺史李良安携州人2万余口渡过长江，进入江西，堪称一次规模不小的移民。建中四年（783年），李希烈叛军包围郑州，前锋直指洛阳，许多人逃亡南方。十月，泾原节度使姚令言在长安叛变，拥朱泚称帝，唐德宗率后妃及文武大臣逃入陕南汉中。在这种情况下，关中一些人南迁到四川、江南等地避难。

第三阶段：唐末动乱时期的人口南迁。

唐朝末年，社会矛盾激化，全国各地经常爆发农民起义。875年，河南爆发了王仙芝领导的农民大起义，次年，黄巢响应王仙芝的号召，在山东举起起义的大旗。两股大军合兵一处，并肩作战，很快发展成为数万人的队伍。唐朝派重兵镇压,王仙芝战死,黄巢成为起义军领袖,之后带兵转战全国十几个省市,给唐军以沉重的打击。

在黄巢军和唐军的作战中,战火波及黄河、淮河、长江和珠江四大流域,但最主要的战区还是在黄河流域。长时间的战乱给北方广大人民的生命财产造成了严重的损失,破坏性远超安史之乱。为了寻求活路,北方人民不得不再次迁移到相对安宁的南方地区,江浙、淮南、四川、江西、福建、广州等地都有移民分布。除了避难的士民,许多北方军人也因被俘、投降、掉队、驻守等原因而留居南方。

第四阶段:五代十国时期的人口南迁。

唐末的藩镇叛乱和农民起义严重冲击了唐王朝的统治根基,使唐朝逐渐走向灭亡的道路。907年,河南军阀朱温废唐哀帝,建立后梁,其他地方军阀也先后自立,中国历史进入五代十国时期。这期间,北方政权不断更迭,烽火不断,南方政局则相对稳定,因此有大量北方居民流入南方。此外,南方各国的统治者为了增强本国的力量,对北方人民采取招抚流亡政策,也吸引着大批北方人民南迁。

可以看到,与永嘉南迁相比,安史之乱后的人口南迁持续时间更长,迁入地也更广,几乎覆盖了南方的全部地区,尤其是江南、四川、江西、福建四地接受移民最多。虽然移民的总数无法准确估计,但应当不低于永嘉南迁。而且,这次汉人南下对南方地区的影响更大。安史之乱以前,除极个别时期,中国人口的重心一直是在黄河中下游地区,南方的人口始终少于北方。但是安史之乱后,北方诸道人口损失极大,人口密度远远低于南方。到了五代时期,南方的人口更是超过北方,中国的人口重心从此转移到了南方。北方人口的大规模南下,也促进了南方经济的发展,到了唐朝后期,江南已经成为唐朝廷财税

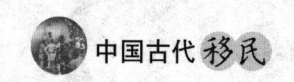

的主要来源地,韩愈曾说"当今赋出于天下,江南居十九",可见江南已成为唐朝的核心经济区。经济的发展和大量文化水平较高的北方移民的迁入,又促进了南方文化的快速发展,文化重心开始逐渐向江南地区转移。

二、民族之殇——"靖康之乱"后北方人口的南迁

北宋后期,国势衰微,农民起义此起彼伏,而北宋与辽、西夏之间也战乱不断。当时东北地区的女真人刚刚建立金国,在国主阿骨打的率领下相继攻破辽的多个城池。北宋君臣认为辽必亡无疑,想趁机夺取被辽占领的幽云十六州,于是与金联合攻辽。1125年,辽国灭亡,金随即挥师南下,兵分东、西两路向北宋发起进攻。宋徽宗见形势危急,宣布禅位于太子赵桓,即宋钦宗。钦宗靖康元年(1126年)十一月,金军攻陷北宋都城汴京(今河南省开封市),次年掳徽、钦二帝以及后妃、宗室大臣3000多人和大量金银财宝、文物北归,北宋灭亡,史称"靖康之乱"。不久,宋高宗赵构(徽宗第九子)在南京应天府(今河南省商丘市)即位,史称南宋。

两宋之际,宋与金之间的战争对黄河流域造成了巨大破坏,社会经济衰败,人民流离失所。为了求生,大批北方人向南方迁徙,由此形成中国历史上汉人大规模南下的第三次高潮。

这次人口南迁开始于北宋末年金攻宋的战争,到靖康之乱时达到高潮,直至南宋灭亡才告结束,前后持续了100多年。南迁的过程大致分为三个阶段:

第一阶段:北宋末年宋金战争至绍兴和议。

1125年金灭辽以后,将进攻矛头指向中原,宋金战争爆发。1126

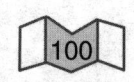

年8月，金军大举南下攻宋，沿途官军闻风丧胆，大多弃城逃窜，百姓也纷纷南奔，史载"汾州、威胜、隆德、晋、绛、泽州民扶携老幼，渡河南奔者钜万计，诸州县井邑皆空"。金军在无人防守的情况下，轻松地渡过黄河，进围京都汴京，沿途"士庶携老提幼，适汝、颍、襄、邓逃避者莫知其数"。汴京沦陷后，数万军民出逃，公卿士夫也争先恐后地举家南迁，十室九空。宋高宗在商丘即位以后，金军再次南侵，宋室被迫南迁扬州，双方在黄河中下游地区展开持久的争夺战。1129年，金军攻入淮南，宋高宗率内侍、亲军及百官渡过长江，迁往杭州，百姓跟随南下者更多，达数万人，形成了"高宗南渡，民之从者如归市"的迁徙高潮。与此同时，北方的武装流民集团也大量涌入江南，留在北方抗金的宋朝大臣亦因抵挡不住金军的强大攻势而南下。一时间，因"靖康之乱"而起的狂飙，席卷大江南北。

第二阶段：绍兴和议至南宋末年。

高宗南渡后，南宋逐渐从动乱中稳定下来，在江南建立起比较稳固的统治，而金国由于连年征战，军队疲乏，国内政局动荡。在这种情况下，双方都有意达成和谈。绍兴十一年（1141年），南宋与金签订合约，规定双方以淮河中流为界，各守境土，南宋不得接收南迁的北方人口，史称"绍兴和议"。此后，宋金之间形成南北对峙的局面，20年没有发生战争。绍兴三十一年（1161年）九月，金国公然撕毁和议，发兵60万四路攻宋，原来居住在淮北地区的汉族居民大量迁移到淮南，有的进入两浙、江东、江西等地。同年年底，金兵进入淮南，两淮的居民又纷纷南逃，进入长江以南。此外，也有不少人迁入荆襄一带。孝宗隆兴元年（1163年），宋军渡淮攻金，相继攻克灵璧、虹县等地，"中原之民翕然来归，扶老携幼相属于道"。同年年底金军发起反攻，开进淮南，当地宋军及百姓南撤避难，镇江等地"流徙蔽野，兵民参错"。隆兴二年（1164年），宋金再度议和，双方又有40多年没有发生大规模战争。宁宗开禧二年（1206年），南宋举兵伐金，因为准备不够充分，接连遭受溃败，金军攻入宋境，江淮一带的人民纷纷南逃，其中仅淮南安丰、濠、楚、庐、和、扬等州渡江者就有25万家。据统计，此次南迁人口主要分布在今江苏、浙江、江西等地。嘉定元年（1208年），宋金又一次达成和议，双方大致维持了9年和平。在这期间，崛起于北方草原的蒙古开始攻金，占据了金国大部分领土。为了避开蒙古军队的进攻，同时夺取南宋的土地、财产弥补损失，金军开始攻宋，占据了荆襄和淮南，进逼长江两岸，汉水以南自荆门、江陵到汉阳，长江以南自岳阳、鄂渚到武昌，到处都是流徙的军民。

第三阶段：蒙宋战争时期。

宋理宗端平元年（1234年），南宋和蒙古达成盟约，联合灭金。第二年，蒙古数十万大军南下，对南宋发起全面进攻。双方在荆襄、江淮展开激战，导致大量难民南迁。1236年，蒙古军队攻入江淮，数十万当地人民为避战乱渡江南迁，进入常州、苏州、湖州和杭州等地。此后，宋蒙继续在江淮之间展开争夺，北方人民也陆陆续续地南迁。1267年，蒙古军队发动对襄樊的进攻，揭开了灭宋战争的序幕。1273年，襄樊陷落，南宋的长江防线被突破，蒙军自两湖长驱直入，向长江下游推进。1276年，蒙军攻破临安，宋室向南逃亡，大批官员军士随之辗转，进入浙江福建、广东等地。1279年，南宋灭亡，南迁的移民有的留居广东，有的向北迁徙，有的则流落到了海外。

综观这次人口南迁，我们不难发现，与以往汉族人口的大迁徙相比，靖康之乱后的移民在地理分布上具有两大特色。

第一，移民的迁出地有所不同。在永嘉南渡、安史之乱后南迁的移民，主要来自关中、华中和华北，而靖康之乱后的移民主要来自荆襄和江淮地区。产生这种变化的原因主要是首都所在地不同。西晋和唐朝时，政治中心均位于黄河流域，关中、华北一带是不同势力的争夺地，战事频仍，而淮、汉流域战事相对较少；南宋的政治中心则在长江下游，淮、汉流域成为宋金角逐的主战场，因此，淮南一带和以襄阳为中心的汉水流域成为移民的主要迁出地。

第二，就迁入地域而言，靖康之乱后南迁移民的分布范围更广，今江苏、浙江、江西、湖北、湖南、福建、广东、海南等地都有大量北方移民迁入。

众多的移民迁入地中，以江苏、浙江吸收的移民最多。江浙一带是南方经济最发达的地区，又是南宋政治中心所在，而且与当时移民的主要输出地淮南仅有一江之隔，因此成为移民的主要入居地，当时号称"四方之民云集二浙，百倍常时"。尤其是南宋都城临安，是江浙接纳移民最多的地区。据统计，建炎初年金兵屠城后，临安人户只有6万左右，宋室南迁带来大量移民，使临安人口大增，到乾道年间（1165—1173年），户口已经增加到26万。

江西、福建两地接收的移民仅次于江浙，分别居第二位和第三位。江西位于长江南岸，接近北方移民的主要输出地淮南、荆襄，同时临近首都临安，因此靖康之乱后迁入此地的北方移民不少。而福建远离战乱，地理环境较闭塞，成为北方移民理想的避难区域。据统计，江西路绍兴三十二年（1162年）户数比北宋崇宁元年（1102年）增加了22.7万户，南宋嘉定时期（1208—1224年）福建户数比北宋崇宁元年增加了一半左右。可见两地移民人数之多。

关于此次人口南迁的规模，由于史料的缺失，已经无法得知，但是根据北方人口的减少情况，可以大概推测出南迁移民的数量。据研究者分析，经过大规模南迁之后，北方地区的户口数量约减少了300万户，按每户五口计算，至少减少1500万人，若以半数作为南迁移民，则有七八百万人进入了南方各地。

大规模的人口南迁对南方地区的发展产生了巨大的影响。大批北方农民为了躲避战乱来到南方，带去了先进的生产技术，也补充了江南地区匮乏的劳动力。偏安一隅的南宋统治者为了壮大实力，也比较重视农业发展。经过百余年的开发，南方的荒闲土地大量垦殖，耕地面积增加，"浙间无寸土不耕"，"（吴中）四郊无旷土，高下皆为田"。茶树、甘蔗、柑橘等经济作物广泛种植，棉花也得到了极大推广，特别是水稻产量大幅提高，"苏湖熟，天下足"的谚语广为流传。此外，南方的手工业、造船业、商业也繁荣起来，并兴起了一大批商业都市、国际港口。在文化方面，理学发扬光大，诗词成就突出。总之，此时南方的发展水平已经超越北方，成为全国的政治、经济、文化中心。

三、失国前奏——贞祐南渡

金国后期，统治腐败，日渐衰落，而漠北草原上的蒙古人却逐步崛起。1211年，蒙古人发兵攻金，揭开了蒙金战争的序幕。在蒙古军的猛烈攻势下，金军力不能支，接连溃败，北方众多郡县纷纷陷落。1213年8月，金宣宗即位，年号贞祐，不久蒙古大军围攻中都，金宣宗吓得魂飞魄散，慌忙遣使求和。蒙古退兵后，为了躲避蒙军的锋芒，以金宣宗为首的金国统治集团决定把都城迁到黄河以南的汴京，利用黄河天险来遏制蒙古骑兵的南下。贞祐二年（1214年）七月，金宣宗率领百官率先抵达汴京，随后将黄河以北山西、河北、山东的猛安谋克军户尽数南迁，史称"贞祐南渡"。

猛安谋克军户的主体是女真人。在蒙古大军压境的危急时刻，优先迁走女真人而置汉族百姓于水火，无疑是自毁长城，直接影响了金国的兴亡。

金宣宗南迁后，仅以重兵驻守河南以保卫汴京安危，全然不顾北方州县的存亡，因而大失人心。各地汉族人民失去了对金国官府的信任。面对蒙古人的铁蹄，他们只能自行南奔。而驻守在黄河以北的官员和将士，在蒙古大军的凌厉攻势下，也无心守卫城池，或是降附蒙古，或是仓皇南逃。由此，金国在北方的统治实际上已经分崩离析。

南迁的女真军户主要分布在以汴京为中心的河南地区。据估算，其数量至少有百余万。这上百万的军户人口全由官府赡养，而金国的国力已经大大衰弱，根本无力负担，只能向百姓征收巨额赋税。但当时金国领土只剩一隅，统辖民户十分有限，百姓缴纳的赋税根本无法满足需要，于是赋敛愈加繁重。与此同时，南迁的女真贵族在汉族封建土地观念的影响下，疯狂地兼并土地，夺取民田为私田，也加剧了民族间的矛盾。民不堪命，终于爆发了红袄军起义。起义军声势浩大，连绵不断，严重削弱了金国的统治基础，使其难以再对蒙古军做出有力的抗击。

此外，在金宣宗南迁以避蒙古军的同时，却盲目地向南宋发起进攻，企图通过剽掠南宋来弥补蒙古军造成的损失。没想到双方互有胜负，战事陷入胶着，金国不但没有得到"补偿"，反而被牵制了兵力，还将南宋推向了蒙古一边。1234年，在南宋与蒙古的夹击下，金国终告灭亡。

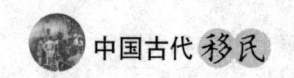

金宣宗南迁显然是一次失策之举，可谓开启了金国灭亡的道路，《金史》对此评价道："再迁遂至失国，岂不重可叹哉！"

第四节　纵横四海——蒙古族的迁徙和元朝的移民

13世纪，蒙古族及其建立的政权狂飙突进，由漠北转中亚、东欧，又入主中原，横扫欧亚广大地带。蒙古人的扩张和发展造成了其自身的大规模流动，同时也引起了其他民族的迁徙。

一、席卷欧亚——蒙古崛起和蒙古大军西征

12世纪中期，蒙古各部社会生产力得到较大发展，尤其是尼伦部的势力发展最快，先后击败各部。1206年，尼伦蒙古乞颜部首领铁木真统一各部，建立大蒙古国，被尊称为成吉思汗。

成吉思汗及其后继者为了开拓疆土和掠夺财富，在半个世纪内先后发动了三次西征，兵锋直指西亚、中亚和欧洲。而伴随蒙古军队的对外战争，大批蒙古人迁徙到被征服地区。

蒙古大军第一次西征发生在1219年至1225年。这次征伐的主要对象是中亚强国花剌子模。1218年，成吉思汗派遣一支几百人的商队前往花剌子模王国通商，在经过花剌子模边境城市讹答剌（在今哈萨克斯坦奇姆肯特西北）时，当地的一名长官见财起意，侵吞了商队财宝，事情败露后又诬指商队成员为间谍并将他们全部杀害。成吉思汗派出三名使者前往花剌子模宫廷质问此事，同时致书花剌子模国王摩诃末要求交出凶手，结果遭到摩诃末拒绝，一名使者被杀，其余两

人被剃须后驱逐出境。成吉思汗震怒，于是谋划征讨花剌子模之事。1219年夏，成吉思汗亲率其子术赤、察合台、窝阔台、托雷和大将速不台、哲别等，统兵20万，分四路攻伐花剌子模，拉开了蒙古西征的第一幕。第二年，蒙古军攻克了花剌子模的新都撒麻尔干（今乌兹别克斯坦撒马尔罕城），次年又占领了旧都玉龙杰赤城（今土库曼斯坦库尼亚-乌尔根奇），将花剌子模大部分领土收入囊中。落败的花剌子模国王仓皇西逃，成吉思汗命诸将追击，在蒙古大军的穷追猛打下，花剌子模国王最终死在了里海南岸一个荒凉的岛上。蒙古军在摧毁花剌子模的同时，也挥师翻越了高加索山脉，深入俄罗斯境内，击溃俄罗斯和钦察人的联军，征服了里海、咸海间的康里国。1225年，成吉思汗班师回朝，将本土和新征服的西域土地分封给四个儿子，第一次西征宣告结束。

第二次西征是在1235年至1242年。1227年，成吉思汗病逝，窝阔台继任大汗。他决定继承成吉思汗的事业，继续西征。1235年，窝阔台以其兄术赤之子拔都为统帅，领兵十余万，再度挥师西进。西征军一路势如破竹，很快征服了波斯（今伊朗）、不里阿尔（今保加利亚）、钦察，不久又大举入侵俄罗斯，攻陷莫斯科、基辅等十余座城池，随后分兵数路向欧洲腹心挺进，打到了今波兰、匈牙利、捷克、奥地利等地，整个欧洲为之震惊，称其为"上帝之鞭""黄祸"。就在西方诸国惶惶不可终日之际，1241年年底窝阔台去世，噩耗传到西征军中后，拔都急速率军东归，留驻在钦察草原，其他诸王则返京争夺汗位，第二次西征落下帷幕。

第三次西征始于1253年，止于1260年。窝阔台驾崩后，蒙古内部权力争夺不断，1251年，蒙哥当上了蒙古帝国的大汗。为了扩大疆土，1253年，蒙哥令其弟旭烈兀率10万大军开始西征。这次西征的主要目标是征服西亚的波斯地区。1256年，蒙古军平定了木剌夷之地。1258年，消灭了巴格达的阿拔斯王朝。1260年，攻入阿拉伯的圣地麦加，占领大马士革，抵达今巴勒斯坦一带。正当旭烈兀打算进一步攻打埃及时，军中收到蒙哥伐宋阵亡的消息，于是旭烈兀率主力东撤，第三次西征结束。

蒙古军队的三次西征和四大汗国的建立，促进了东西方的经济文化交流，在当时的亚欧大陆上，"四海为家"、"无此疆彼界"、"适千里者如在户庭，之万里者如出邻家"，交通的繁荣促进了国际贸易的发展，丝绸之路上商旅往来不绝，移民相望于途，从而形成了东西文化接触、交流、交融的新局面。此外，剽悍的蒙古骑兵也将汉人的军事技术如火炮等传播到了西方，促进了欧洲的军事革命。

二、定鼎中原——元朝建立和蒙古族的内迁

1227年，蒙古灭西夏。1234年，蒙古灭金。1271年，蒙古大汗忽必烈建立元朝，定都大都（今北京市），随后大举伐宋。1279年，元灭南宋，完成了全国的大一统。随着政治中心的南移，为了加强对辽阔疆域的控制和对各地区各民族的管理，蒙古人从传统的游牧地迁徙南下，进入中原。就分布格局而言，除了蒙古草原外，蒙古民族广泛分布在中国西北、中原、西南、江南等地，其中，以今北京、河北、山东、山西、陕西、甘肃、辽宁等地的蒙古族更集中一些。

元朝蒙古人的内迁主要有四种类型：

（1）作战和镇守引起的迁徙。这是蒙古人内迁的主要形式。

蒙古族实行兵民合一的军事制度，"上马则备战斗，下马则屯聚牧

养"。所有成年男子都有从军出征的义务,并且征战之时"尽室而行","以营为家"。也就是说,蒙古士兵行军到哪里,其家眷就跟随到哪里,军队驻扎镇守的地方就是蒙古军人家庭的迁居之所,驻守各方的蒙古部族其实就是一批批的移民。

元朝进入中原后,即在全国范围内实行镇戍制度,派遣蒙古军士分别驻守天下重镇。以大都为中心的京畿地区(今北京市和河北、山西两省北部地区)是元朝的行政中心和咽喉所在,因此屯戍有大量军队,是蒙古族分布最集中的区域。元朝先后在大都附近设置了左翊蒙古侍卫、右翊蒙古侍卫、隆福宫左右都威卫使司等蒙古卫军机构拱卫京师。如至元十五年(1278年),在河北地区屯戍的蒙古军有4万户。

位于黄河流域的河南、山东在元代前期也有大量蒙古戍军。这一带地域广阔,是国家的腹心之地,战略地位不容忽视,因此成为蒙古军镇守的重点区域。泰定四年(1327年)前后,在这里驻防的蒙古军户达11万,大约有50万人。由于蒙古移民数量较大,因此蒙古语在当地十分流行,至元二十九年(1292年),"河南、福建行中书省臣请诏用汉语,有旨以蒙古语谕河南,汉语谕福建",可见河南地区蒙古族的人数众多。

江淮和江南地区是元朝的经济重心所在,尤其是江南地区是全国的经济中心,因此这两个区域是元朝军队重点镇遏防御之地,也部署了大量的兵力。位于长江北岸的扬州是元世祖第九子镇南王脱欢的封地,也是南方的冲要重地,戍守此地的蒙古军最多时达4万人。潭州(今湖南省长沙市)一带是蒙古统治者控制两湖地区的军事重镇,驻军也比较多,至元十七年(1280年),戍守潭州的蒙古军达到9000多人。

在云南一带也有驻镇的蒙古军队。他们是元朝初年随云南王、梁王以及其他诸王迁移过去的。元末,云南地区的蒙古族士兵大概有1万人,元亡后均在此地定居下来，编入云南户籍。据说今天生活在云南的蒙古族就是元代蒙古移民的后代。

除了上述区域，在东北地区的辽河流域、陕西和四川两省也聚集着大量蒙古人。

（2）分封宗王造成的人口迁移。

早在元朝建立以前，成吉思汗就对亲族和功臣进行了分封，这种措施后来又被他的子孙继承。因此在蒙古汗国，受封的亲王与贵族大多领有大批蒙古牧民，每逢分封之时，都会造成规模不小的人口流动。元朝建立以后，这种分封制度依旧被沿用，忽必烈及其后继者也分封诸子为王，出镇一方，附属诸王的蒙古部族必然随着诸王的迁徙而迁移。

（3）饥荒等自然灾害导致的徙居。

蒙古草原地处中国疆域的北部，降水稀少，气候干旱，饥荒、暴风雪等自然灾害频繁。面对灾害的侵袭，草原上的牧民常常被迫南迁避难，每次大灾过后，迁徙的灾民规模都很大，数量高达数万甚至数十万。这些南迁的牧民多数定居了下来，与汉人杂居在一起。

（4）对罪犯进行的惩罚性迁徙。

元朝犯罪流徙的制度规定，蒙古族犯罪后发配到南方边远地区，汉人犯罪后发配到奴儿干（今俄罗斯特林地区）等极边之地。这些被流徙的罪犯往往在当地定居下来，形成特殊的移民。如元朝初年蒙古宗室乃颜发动的叛乱被平定以后，其部下的2600多名将士被发配到河南、江浙、湖广、江西等地。

（5）为官出仕形成的移民。

元朝统一中国后，为了维护蒙古族的统治地位，规定各地的最高行政长官——达鲁花赤必须由蒙古人充任，若蒙古人中无此种人才，可令有出身的色目人担任。在此制度下，大批蒙古官员携带家属和部属前往各地就任，当他们致仕以后，往往会选择某一地定居下来，从而转为移民。

以上是蒙古族内迁的大致情况。元朝灭亡以后，进入中原的蒙古族大部分留在了当地，只有小部分随元顺帝北迁返回草原。对于留居中原的蒙古族，明朝实行强制同化的政策，令他们改汉姓、穿汉服、与汉族通婚，因此这些蒙古族多数融入了汉族，而在云南的蒙古族则有一部分与当地其他的少数民族融合。元顺帝北徙后，仍以"大元"或"大蒙古"作为国号，史称"北元"。明朝对北元进行了长期持续的打击，加上北元内部矛盾重重，蒙古族陷入内乱之中，分裂为东部蒙古鞑靼和西部蒙古瓦剌，两大政权相互攻伐，最终在17世纪统一于清朝。

知识链接

土尔扈特部东归

土尔扈特部是厄鲁特蒙古（西蒙古瓦剌在清代的称谓）的一支，原来游牧于塔尔巴哈台地区。17世纪30年代，其首领和鄂尔勒克因与准噶尔部首领巴图尔浑台吉不和，遂率部众5万余帐，西迁到今伏尔加河下游地区，自成独立的游牧部落。经过几代首领的经营，建立土尔扈特汗国。土尔扈特汗国处于沙俄势力的包围之中，不断受到其侵略与奴役。为了摆脱沙俄压迫，土尔扈特部上下产生了回归故土的强烈愿望。乾隆三十六年（1771年），土尔扈特部17万人在其首领渥巴锡的率领下启程东归，他们一路上突破沙俄重重堵截，跋涉万里，终于在8个月后抵达祖国。回归的土尔扈特部受到清政府的优待，被安置在了气候适宜、水草丰美的珠勒都斯草原游牧。

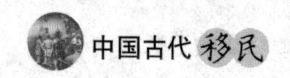

三、五方杂厝——汉人、色目人的迁徙融合

蒙元时期，在蒙古族大规模迁移的同时，汉人、色目人、女真人、契丹人等也在进行自发性的移民或强制性的迁徙。大批汉人迁移到周边民族地区，其他民族则纷纷向中原和南方地区迁徙，掀起了中国历史上又一次大规模的民族迁徙高潮。不同民族交错杂居，往来密切，最终形成了中国境内大杂居、小聚居的民族分布格局。如云南"土著之民，不独爨人而已，有曰罗罗，曰达达（蒙古）、曰色目及四方之商贾、军旅移徙曰汉人者，杂处焉"。以下主要介绍汉人和色目人的迁徙情况。

（一）汉族的迁徙

早在蒙古国的政治中心位于漠北时，就把在对中原战争中或通过西征从中亚、欧洲掳获而来的汉族人口强制迁徙。前期主要迁移到漠北的蒙古草原。如成吉思汗攻金时，曾一次性将山东、两河少壮男女数十万强迁到蒙古；河北土豪史秉直投靠蒙古后，奉命将十余万家降人迁移到漠北。这些移民主要在当地从事耕垦、放牧、筑室等农业和手工业生产。大约在元宪宗蒙哥以后，随着蒙古军队在北方占领区的扩大，将掳掠的汉族人口大举迁徙漠北的行动逐渐停止，来自南方的汉人多被安置在京兆关陕地区、华北地区等地。此时的移民主要以镇戍和屯田的形式进行。

入元以后，汉族的迁徙以戍守、屯田为主。元朝军队由蒙古军、探马赤军、汉军和新附军组成，其中汉军的成员为北方汉人、契丹人、女真人，新附军的成员为被俘和投降的南宋军人。汉族军人跟蒙古军一样，也要参加各地的守戍，而且调往长期驻守的地方时其家属常常需要同行。由于一些汉族军人长驻一地，因此往往成为移民。与此同时，为了供应军事需要，恢复、促进农业生产，增加政府收入，元朝还在西北边陲、西南边境以及长江三角洲等地实行军屯和民屯，开垦荒地，由此导致了一定规模的移民。

（二）色目人的迁徙

蒙元时期，将蒙古族以外的西北各族、西域以至欧洲的各族人统称为色目人，常见于元人记载的色目人有吐蕃、党项、乃蛮、康里、钦察、阿速、畏兀儿、哈喇鲁等。

色目人在蒙古国和元前期大量东迁和南迁，进入汉族居住地区，他们的迁徙大多是在蒙古人的武力压迫下进行的，主要有三种情况：

（1）因蒙古军队的掳掠而迁徙。蒙古人在东征西讨的过程中，出于政治、军事和经济等方面的考虑，往往都要掳掠很多的人民。如成吉思汗第一次进攻西夏时，攻取力吉里寨，经落思城，"大掠人民及其骆驼而还"；"从攻塔塔儿、钦察、唐兀、只温、契丹、女直、河西诸国，所俘生口万计"。在大批被掳的移民中，有不少有技术的工匠，被强迁到漠北和中原，从事武器制造、土木建设等工作。

（2）因征战和戍守而迁徙。蒙古军队在征服一个国家或民族以后，通常都会征发他们的军队，或将这些国家和民族的青壮男签发为军，随同蒙古军队到处作战，镇戍四方。色目人主要被编入探马赤军，屯驻河洛、山东、陕西、四川等要地，成为当地的居民。

（3）因任官、经商而迁徙。元朝统治者实行民族分化和民族压迫政策，将全国居民分成四个等级，其中色目人受到元朝统治者的重视，被列为四等人中的第二等人，待遇仅次于蒙古人，而高于汉人（原金国境内的汉族、契丹、女真人等）、南人（南宋遗民）。由于社会地位较高，所以色目人在很多方面享有特权。许多色目人上层人物成为蒙古汗国和元朝的高官显宦，在中央衙门和地方政府担任丞相、达鲁花赤、平章政事等要职。政治上的优越性为色目人在商业上的发展提供了保障，色目人"尤多大贾，擅水陆利，天下名城巨邑必居其津要，专其膏腴"。任官和经商都造成了色目人的大规模迁徙。

知识链接

马可·波罗来华

元世祖忽必烈时期，中国国力空前强盛，其富庶、强大令西方人赞叹不已，因此有很多的西方商人、旅行家纷纷来华，马可·波罗就是其中之一。马可·波罗是意大利人，出身于威尼斯一个商人家庭，17岁时，他跟随父亲和叔叔，途经中东，历时4年多来到元帝国，于1275年到达元朝的首都。马可·波罗在元朝的身份应属于色目人中的上层，受到忽必烈的赏识，担任过一些重要的官职。据说他在中国游历了17年，曾经到过中国的许多古城，足迹涉及西南部的云南和东南地区。回到威尼斯之后，马可·波罗在一次威尼斯和热那亚之间的海战中不幸被俘。他在监狱里口述旅行经历，由他人代笔写下著名的《马可·波罗游记》。该书记述了马可·波罗在元朝的见闻，对中国的繁荣昌盛大加称赞，从而激起了欧洲人对东方的巨大热情，对以后新航路的开辟产生了巨大的影响。

第四章 空前绝后——明清时期的人口迁移

明清时期,由于人口增减、经济发展、边疆形势等原因,移民情况发生了新的变化,移民的数量和规模均达到空前绝后的程度。

明代移民主要集中在洪武、永乐年间。这两朝的移民活动基本上是中央政府组织实施的,带有强烈的专制主义的色彩。移民的方向主要是华北(北京、河北、河南、山东等地)、江淮(江苏、安徽、湖北、湖南等地)以及西北、西南边疆,有军籍移民和民籍移民两种类型。

清代前期的移民以满族的南迁和长江流域的"湖广填四川"行动为主,中期至晚期,关东、口外、台湾等地区成为移民热点,由此掀起了垦荒型的移民狂潮。

第一节 史上最大的官方移民——明初大移民

明初大移民是洪武三年(1370年)至永乐十五年(1417年),明朝政府在全国范围内进行的移民。在这场浩浩荡荡的大迁移中,长江流域移民700万人,华北地区移民490万人,西北、东北、西南边疆移民150万人,人口迁移的总数达1300多万人,几乎占到当时全国总人口的20%,是中国历史上规模最大、影响最深的官方移民活动。

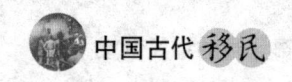

一、红巾赶散各天涯——洪武移民

明朝建国之初，由于经年不绝的战乱，加上疫病流行，水旱频发，中原、江淮一带人口锐减，土地荒芜，为了增加两个区域的人口，恢复和发展社会生产，明太祖朱元璋先后实施了多次大规模的移民，史称"洪武移民"。由于迁徙是强制性的，且当时的官兵头扎红巾，因此又称为"红巾赶散"。

洪武前期主要是向长江流域移民，后期则主要是向黄河流域移民，移民的范围波及安徽、江苏、两湖、四川、两河、北京、山东等多个省份。

安徽的首要移民迁入地是凤阳，这里是朱元璋故乡临濠所在地。元朝末年，由于连年的旱蝗瘟疫灾害和战争的破坏，加上大量乡民加入朱元璋的部队外出征战，凤阳人口流失严重，2.4万多平方千米的土地上仅有10万余人口，全境田园荒芜，一片萧条破败景象。为了改变家乡的面貌，朱元璋决定先充实凤阳。

早在明朝建立以前，朱元璋就开始对凤阳地区移民。1367年，朱元璋攻克苏州，击败张士诚，为对其支持者进行惩罚，下令将苏州富民迁到凤阳。不久，朱元璋又攻下宁波，击溃了方国珍的部队，"徙方氏官属刘庸等二百余人居濠州（凤阳）"。明朝立国以后，朱元璋在临濠建立都城，称为"中都"，开始大规模地向中都移民。洪武三年（1370年），将苏州、松江、嘉兴、湖州、杭州五地无田产之民4000余户迁移到凤阳垦荒，官给牛种，免赋三年。洪武六年（1373年），迁入山西弘州等州县民8200多户。规模最大的一次移民，是洪武七年（1374年）迁徙江南民14万实中都。洪武九年（1376年），还迁入山西及真定（今河北正定）民无产业者到此屯田。洪武十年（1377年），又从浙江西部地区迁入无田粮者。此外，还有来自山东、江西、广东的一些百姓迁入。除了平民，朱元璋还将罪犯发往凤阳屯田或做工，如洪武五年（1372年）诏"今后犯罪当谪两广充军者，俱发临濠屯田"，后又令"官吏有罪者，笞以上悉谪屯凤阳"。到洪武九年，这类移民已经达到"万数"。估计整个洪武年间，迁入凤阳的民籍移民有二三十万。其中，来自江南的移民占多数，达十几万人。加上驻守此地的军籍移民，凤阳当地的外来移民大约有50万人。

今安徽安庆、贵池也是外来移民的主要迁入区。这两地是元末朱元璋军与陈友谅军争斗的重地，因此遭到很大的破坏，人口损失惨重，土地亦多荒芜。战争平息后，大量的江西人口迁入两地，也有来自本省徽州的移民。据统计，洪武年间，两地移民总数有40多万人。

安徽和县、滁州所在的巢湖平原也有不少移民进入，且来源较广，有江西、江苏、浙江、山西、山东、河南和本省徽州等地，其中江西和徽州移民占据绝对优势。这一区域的移民人数大约有35万。

江苏的人口迁入地主要是苏北地区的扬州、淮安和京师南京。

元朝末年，受战乱影响，苏北地区格外荒凉，扬州甚至可以称作"空城"，人口寥寥无几，"居民仅余十八家"，洪武初年，人口也才回升到40余户。淮安的情况也大致相同，仅存7家。这种情况下，移民变得尤为紧迫。洪武年间，两地接收了来自苏州的大量移民，以及部分来自江西、安徽徽州和其他地区的移民。

南京在明朝叫作应天府，洪武年间，这里是明朝的首都。为了充实京师，朱元璋将大批外来人口迁徙过来。这时的移民主要有四类：驻守士兵及其家属；从各地征调的承担京城各种劳役的脚夫及其家属；

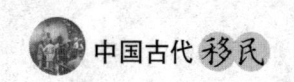

政府各级官员及其家属；从外地迁入的百姓。四类移民总数大概有70万人，其中的非军籍移民主要来自江浙地区和江西饶州。

  两湖地区在明初的移民十分壮观，将近300万人。湖南境内的移民主要分布在湘阳、平江、岳阳所在的湘北地区，以及邵阳、长沙一带的湘中地区。这两个区域均是元末战争的主要战场，受战火荼毒严重，人口损耗殆尽。明朝初年，大量江西移民涌入，约有一百万人。湖北的外来移民集中在鄂东、鄂北。这一带历经宋元以来的戎马践踏，多化为废墟。入明以后，黄州、武昌、孝感、麻城等地迎来了大部分江西移民，其中以来自饶州、南昌等赣北地区的移民为主。此外，以荆州、仙桃为中心的江汉平原也深深打上了江西移民的痕迹。据估计，明初湖北移民约有180万。由于江西移民在两湖占据了极大的比例，因此有"江西填湖广"之称。移民的填补也使湖广地区获得了大发展，明中期以后，这里成为稻米的主产区，"湖广熟，天下足"的谚语广为流传。

  四川是宋元战争中受害最深的地区，元末人口只剩40万。为此，朱元璋将湖北等地的人民迁徙入川。"洪武二年，湖广麻城居民迁至简州（今四川简阳）者众多。""明洪武十四年，徙楚实蜀，名山号为乐都，来者尤众。"到洪武二十四年（1391年），进入四川的移民总数将近百万，其中半数以上来自鄂东地区。

  以上是朱元璋在江淮流域实施的人口调整，改变了这一地区的人口分布格局。同一时期，他还在华北平原的河北（泛指黄河以北，包括今河北省、北京市和天津市）、河南、山东三地组织了多次移民。

  河北是元朝的京畿地区，本来人口聚集，经济繁荣，但经过元明之际的战乱，遭到了毁灭性的打击，竟变成杂草丛生、野兽出没的荒原，清河"以元末饥馑兵燹，邑内居民鲜少"，南宫"兵燹之后，榛莽弥望"，"全赵之地，弥望草棘，蔚为茂林，麋鹿游矣"。地广人稀的河北因此成为移民的重要迁入区。这里的移民序幕是由明朝开国大将徐达拉开的。洪武元年（1368年），徐达率大军攻破了元大都，蒙古官吏、士兵纷纷北逃，大都只剩1万多的人口。退守漠北的蒙古人不甘失败，多次策马南下，侵扰明朝的北部边境。为了防御蒙古势力卷土重来，明政府实行了空边政策，将长城以北的居民移入关内。如洪武四年（1371年），迁顺宁（今河北宣化）、宜兴（今河北滦平一带）的沿边之民9万多人到北平府（今北京一带），迁北平山后（今河北宣化至辽宁辽阳一带）的元朝降官降军18万人到北平屯田。洪武五年（1372年），明政府废除关外的宜兴等四州，将其百姓6万人全部迁到北平附近屯田。洪武七年（1374年），把塞外居民悉数内迁，安置在北平府、永平府（治所在今河北省卢龙县）、保定府（治所在今河北省保定市）、河间府（治所在今河北省河间市）等地。

由于河北地区荒地辽阔，迁入的塞外移民数量有限，并不能满足垦荒的需要，所以明政府又采取了以兵屯田的方式，同时从山西迁入大量移民。洪武二十二年（1389年），将山西沁州（治所在今山西省长治市沁源县）5万多农民迁徙到河北中南部的大名、广平等地。次年，继续迁沁州民到大名、广平一带垦荒。到洪武二十八年（1395年），进入河北的山西移民已有20万人。

与河北毗邻的河南接纳的也主要是山西移民。在洪武年间，这里吸收的移民数量不下百万。明朝初年，这里的毁坏程度同样惊人，"数千里沃壤之土，自兵燹以来，尽化为榛莽之墟。土著之民，流离军伍，不存什一"。在这样的背景下，身处中原腹地的河南地区成为移民的重点。洪武二十二年以后，将山西地狭民稠的府州县百姓迁到河南土旷人稀之地耕作。移入地主要是卫辉府（治所在今河南省卫辉市）、怀庆府（治所在今河南省沁阳市）、彰德府（治所在今河南省安阳市）、开封府（治所在今河南省开封市）、南阳府（治所在今河南省南阳市）、河南府（治所在今河南省洛阳市）等地也分布着相当数量的移民。

山东西部紧邻河北、河南两地，遭受的兵祸也很严重，因此人口锐减，大片空旷土地无人耕种。明初的移民活动也涉及此地。其中，人口最稀疏的东昌府（治所在今山东省聊城市）成为最早迁入移民的地方。最初的移民发生在洪武二年（1369年），一批从北口子（长城以北，在今北京市延庆区内）投降的"降民"被迁到这里。而大规模的移民活动则是从洪武二十二年以后开始的。如洪武二十五年（1392年），将山东东部人口稠密的登州（治所在今山东省蓬莱市）、莱州（治所在今山东省莱州市）两府5000多无田贫户迁到东昌府耕垦。三年后，又迁入本省青州府（治所在今山东省青州市）、兖州府（治所在今山东省兖州市）、济南府（治所在今山东省济南市）及登、莱二府移民4000多口。在整个洪武年间，迁入东昌府的移民达40多万人。兖州府的外来移民也有很多，有30多万，主要分布在府西部的阳谷、济宁、金乡一带，移民的源地主要是山西洪洞等地。济南府也有移民进入，不过数量不多。除了山东西部外，山东东部的青州、登州、莱州也分布着大批外来移民。青州南部的移民主要来自江苏北部的海州（今江苏省连云港地区），北部的移民主要来自河北枣强，如果民籍和军籍都算上，全境的移民总数有60多万。登州和莱州的移民也是以山西洪洞和河北枣强为主。总之，在洪武年间，山东接纳的移民有100多万。

内地实施的大移民,对迁入地区经济的恢复和发展起到了举足轻重的作用,自金元以来形成的人口稀疏区大部分得到了有效的补充,荒芜的田地也得到垦种,北京、开封、南京、扬州、成都等城市逐渐恢复生机,再现往日的繁荣。

就在内地的南方和北方轰轰烈烈地移民之时,边疆地区的迁民活动也在如火如荼地展开。虽然规模较小,但也不容忽略。这时的边疆移民主要发生在北部边疆和西南边疆,是由军事戍守及屯垦引起的军籍人口的迁移,涉及区域为沿边卫所,移民主体是军人及其家属。在北部边疆,辽东地区设置有上百个卫所,大概有13万名兵员;内蒙古和张家口一带,有大宁卫、东胜卫、兴和所,这些卫所的驻军和他们的家属应有20多万人;今甘肃、宁夏、青海所在的西北地区在当时分布着几十个卫所,洪武十三年(1380年),这里的将士及其家属约有40万人。西南边疆的移民主要分布在云贵地区。其中云南卫所中的士卒大概有12万人,加上随行家属,应有36万人左右。贵州有军士14万多人,连同家属约40万人。这些边境线上的将士及其家属构成了边防地区的主体居民,为巩固边疆地区的稳定、促进边疆地区的开发与发展作出了重要的贡献。

二、"靖难之变"引发的迁徙——永乐移民

洪武年间,伴随移民运动,一个和平、繁荣的时代来临,这就是"洪武盛世"。然而盛世的景象在华北地区并没有持续太久,就在新的战争风暴中化为齑粉。

1398年,明太祖朱元璋病逝,其孙朱允炆即位,即建文帝。建文帝登基后做的第一件事就是"削藩"。早在洪武三年,为了"镇固边

防，翼卫王室"，朱元璋就开始大肆分封诸子为藩王。到了建文帝即位时，各地的藩王已经有20多个，手握兵权，势力很大。为了防止藩王割据，建文帝采纳谋臣齐泰和黄子澄的计策，下令削弱藩王的权力，先后废黜了周、齐、湘、代、岷五王。当削除燕王爵位的诏令发布后，镇守北平的燕王朱棣（朱元璋第四子）立即打出"靖难"的旗号，以讨伐齐、黄为名，借口出兵，攻打京师，史称"靖难之役"或"靖难之变"。1402年，历时四年的"靖难之役"结束，建文帝不知所终（一说逃出皇城，流浪各地），燕王即位，是为成祖，年号永乐。

"靖难之役"的大规模用兵，给处于主战场的河北、山东地区带来了巨大的灾难，尤其是河北中北部和山东中西部受害最深。战争中，燕军的屠杀行为惨绝人寰，在真定"斩首三万级"，在白沟河（今河北雄县、容城、定兴一带）"斩首数万，溺死者十余万人"……平民百姓亦不能幸免。一时间尸骸蔽野，人口出逃，荒无人烟，"东西六七百里，南北近千里，几为丘墟焉"，洪武时期的移民成果大部分被摧毁。战后，河北地区的户口减少了一半左右，开种的耕地只占洪武年间的十分之一。为了弥补战争带来的人口损失和土地荒芜，明成祖朱棣不得不展开新一轮的移民运动。

在河北，移民的主要方向是北平。北平是朱棣的发迹之地，也是其势力的大本营，因此他称帝之后升北平为顺天府，给予北平城"北京"的称号。出于政治、军事、文化、地理等多方面因素的考虑，他还筹划把都城迁到北京。因而从永乐元年（1403年）开始，他就着手组织对北京地区的移民，以求重振这一地区的繁荣，为今后的迁都打好基础。从已有的史料来看，永乐年间对北京地区的移民主要有五类：

（1）各类罪犯及其家属，被发到昌平、良乡等地屯垦戍边。根据

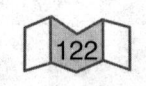

相关记载，这类移民的数量不是很多，估计不超过1万人。

（2）来自山西太原府、平阳府（治所在今山西省临汾市）等处以及山东登州、莱州等处的民籍移民。如永乐二年（1404年）和三年（1405年），分别迁徙1万户山西平民到北京州县，总计10万人左右。永乐五年（1407年），迁山西和山东5000民户约2.5万人到北京上林苑。

（3）迁自江南的富户。明成祖时仿效朱元璋"培植根本"的做法，从全国各地金殷实大户迁徙北京，以此加强统治中心的力量，并对这些豪族地主进行监视和控制。如永乐元年，"徙直隶苏州等十郡、浙江等九省富民实北京"。据史料记载，这批富民有3000户，充实的是北京宛平县和大兴县。

（4）来自南京的工匠和文武百官。永乐十九年（1421年），明成祖正式迁都北京城，原来居住在南京的各类工匠、文武官员连同他们的家属纷纷北上。这批移民有十五六万人。

（5）卫所移民，即军籍移民，是永乐移民的主体，数量远远超过民籍移民。永乐初年，为了防御北方草原的蒙古部落的威胁，拱卫京畿重地，明成祖将一大批军队调往北方，在军事要地和交通要道设置了一大批新的卫所，其中京卫有50多个。永乐年间迁入顺天府的卫所移民有25万，主要来自山西；迁入北京城的卫所移民有70万左右，主要来自南京。

河北地区的河间府、真定府、永平府、保定府也接受了大量军籍移民和民籍移民，河间府移民34万，真定府移民17万，永平府移民14万，保定府移民9.5万，移民中以山西人和山东人为主，也有一部分南方地区的流民。此外，大名府、广平府一带也有移民进入。

中国古代移民

山东涉及移民迁入的地区主要是中西部的东昌府、兖州府、济南府和东部的登州府、莱州府。东昌府、兖州府、济南府在"靖难之役"中多有蒙难，人口有所损失，战后对这一区域的人口补偿有10万左右。其中，东昌府移民2.5万，兖州府移民6.5万，济南府移民1.2万，大部分移民来自山西，其余来自胶东地区的青州、登州、莱州和其他省份。登州、莱州二府，战后移民6万人左右，主要是来自云南的卫所军人。

以上是永乐时期在河北地区和山东地区推行的移民，笼统而言，迁入的移民有200多万。他们在华北地区屯田垦荒、镇守戍卫，促进了当地经济的复苏和发展，也维护了北方边疆的稳定，尤其是迁都北京，使大量的资金、技术等涌入畿辅一带，带动了京师的繁荣。而政治中心的北移，也使南北经济得到平衡发展，南北方之间的联系更加紧密。

知识链接

永历西狩

明朝末年政治腐败、经济凋敝，民不聊生，农民起义此起彼伏。1644年，以李自成为首的起义军攻陷北京，崇祯帝自缢，明朝宗室及文武大臣大多逃亡南方，先后在江苏南京、浙江杭州、福建福州、广东肇庆等地建立政权，这些地方性政权共维持了18年，史称"南明小朝廷"。其中，在广东肇庆建立的永历小朝廷是存续时间最长的政权，也是南明最后一个政权。1647年，永历帝朱由榔在肇庆即位，其后不断遭到清军攻击，因此永历帝及其小朝廷不得不向西逃亡，先迁到贵州，再迁往云南，最后迁至缅甸，这个向西流亡的过程在历史上称为"永历西狩"。1662年，永历帝为吴三桂所执，后在昆明被绞死，南明政权至此消亡。

第二节 垦殖开荒——以生存为目的的经济移民

中国自古以农立国,农业是国家的经济命脉,而土地是农业的基础,是农民的立身之本。如果没有了土地,农民无疑就失去了生活的来源。在封建社会后期,由于土地制度的痼疾,以及人多地少的矛盾,没有土地的广大农民纷纷踏上漫长的迁徙之路,去往异地他乡寻觅耕地,由此爆发了一次又一次的垦殖开荒移民潮。

一、"天府之国"的复兴——湖广填四川

"湖广填四川"是指清朝前期湖北、湖南等地的平民向四川和汉中盆地进行的大规模移民活动。其直接成因是明末清初"蜀乱"造成的当地人口的锐减和经济的衰败。

以成都平原为中心的四川盆地崇山环绕,沃野千里,物产丰富,从汉朝起就有"天府之国"的美称。唐宋时代,这里的经济文化高度繁荣,成为国家赋税收入的主要源地。这也使四川成为兵家必争的富庶之所。南宋末年,四川一直是宋、蒙两国争夺的焦点,是双方交战的主要区域,在长达半个世纪的时间里,这里惨遭战争荼毒,军民伤亡惨重,而逃亡者更是难以计数。以至于到了元朝初年,四川的人口数量大减,仅为南宋时的1/12。明清之际,硝烟再起。明末,李自成率领农民军发动起义。崇祯七年(1634年),起义军进入四川境内。崇祯十六年(1643年),张献忠也挥师入川,建立大西政权。抗清势力在

这里攻城略地，与清军进行了较长时间的斗争。康熙年间，"三藩之乱"爆发，战火又在四川燃烧了七年之久。数十年的战乱加上干旱、饥荒、瘟疫等灾害，导致四川的农业生产无法正常进行，大量人口死亡或逃徙，城镇荒芜，棘榛遍布，人烟断绝千里，土著居民只存十分之一二，以致当时有人发出"有川之名，无川之实"的慨叹。

为迅速恢复四川的户口，发展经济，巩固政权，清政府下令百姓从内地迁入四川，持续发布了一系列政令招募移民，鼓励百姓进入四川垦荒，并提供优惠条件。如官府为移民提供耕牛、种子、口粮；将招徕移民的多少，作为官吏叙职升迁的条件；准许入川流民入籍，编入保甲；对新开垦的土地实施赋税上的优惠，新垦土地一律"五年起科"；等等。在这种优厚条件的招引下，湖北、湖南、山西、陕西、江西、浙江、福建、贵州、广东、广西等地的移民鱼贯而入，由于来自两湖地区的移民最多，所以称这次移民活动为"湖广填四川"。

据估算，在康熙晚期，湖广宝庆、武冈、沔阳等地的百姓"托名开荒携家入蜀者不下数十万"。雍正年间，广东、江西和福建的人民也开始进入四川。乾隆年间，每年都有大量的百姓携伴入川，其中仅乾隆十八年（1753年）到二十年（1755年）的三年时间里，广东、湖南等地迁入四川的就达到6374户，每年迁入的平均人口为1万至5万。

移民在四川内部的分布情况是有差异的。由于地缘相邻的关系，加上有长江水道相通，四川东部接纳的主要是湖广地区的移民，其次是福建、广东、江西，其他省则要少一些。如丰都外来移民中"湖广麻城人尤多"；巫山县"自募民垦种以来，两湖之民负耒而来者几千人"；云阳县"康熙、雍正间，外来寄籍者亦唯湖南、北人较多"。四川中部主要接收的也是湖广一带的移民。如广安县的移民来源于江、浙、赣、闽、粤、晋等地，"惟湘鄂籍特多"；仪陇县移民中"湖南、北人最多，江西、广东次之"。四川北部因为毗邻陕西，所以移民的主体是陕西人。在四川西部，广东移民的比例最高，如简州（今四川省简阳市）的移民主要来自广东兴宁和长乐（今广东省梅川市五华县一带），而这一地区客家人分布较多，因此移民迁入四川后形成了四川客家方言的源头。迁入四川南部的移民，也是以广东人为主。

"湖广填四川"的移民潮流开始于清康熙十年（1671年），止于清乾隆四十一年（1776年），前后持续了100多年。在整个移民过程中，迁入四川的各省移民及其后裔有四五百万人。大量移民的涌入，使四川人口骤增。据统计，清朝初年，四川人口总数不及100万，而到了嘉庆十七年（1812年），全省人口已经超过2100万，其中移民及其后裔占比高达60%。

移民入川使四川经济得到迅速恢复和发展，四川成为全国主要的水稻、玉米和甘薯产地，"天府之国"再现往日盛景。而且，移民的来临促进了当地生产生活条件的改善，导致人口自然增长率大幅上升，为19世纪初期四川人口的迅猛增长创造了条件。文献显示，乾隆五十一年（1786年），四川境内人口总数为842.9万，嘉庆二十四年（1819年）增加至2566.5万，道光三十年（1850年）又增长到4416.4万。究其原因，不仅与大批移民迁居四川引起的人口增长有关，移民人口中较高的自然增长率也是一个重要的因素。

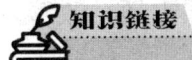

知识链接

改土归流及向西南地区的移民

清朝初年，西南地区先后成为南明的抗清基地和吴三桂叛乱的

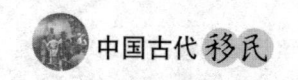

> 大本营。由于长期战乱，这里的社会生产遭到严重破坏。战乱结束以后，为了恢复当地经济，加强对西南地区的控制，清政府大力推行改土归流，并组织和招募汉族移民进入当地垦荒。移民最多的省区是云南省，嘉庆、道光时期，该省的汉族移民总数在230万以上。贵州接纳的移民中，手工业移民和商业移民占了很大比重，到道光初年，全省汉族移民约有30万。湘西境内的汉族移民有40万左右。这次移民垦殖的规模之大、范围之广都是空前的，对西南地区的经济发展具有深刻而持久的影响。

二、翻越山海关——闯关东

山海关以东地区称为"关东"，主要包括今天的辽宁、吉林、黑龙江三个省份。这里是清王朝的"龙兴之区"，女真人的崛起之地。

明朝末年，女真建立的后金政权崛起，迅速占领了辽东一带。为了切断辽东汉人和关内明军的联系，加强对新占领区域的控制，后金统治者不断把散居东北的汉人迁移到辽阳、沈阳等辽东腹地，并多次攻入关内，掳掠汉人充实辽东人口。1636年，后金改国号为大清。清廷取得全国政权以后，上百万的满族人口迁居关内，编入汉军八旗的汉人和大批奴仆也随之入关，史称"罄国入关""尽族西迁"。

由于人口基本迁出，关外的耕地荒废，发展处于停滞状态，"荒城废堡，败瓦颓垣，沃野千里，有土无人"。为了巩固后方根据地，改善辽东地区土地荒芜、人口流失的空虚局面，清政府于顺治元年至康熙七年（1644—1668年），相继发布了一系列鼓励关内汉人出关开垦土地的政令。顺治十年（1653年），清廷颁布《辽东招民开垦条例》，规定对招民赴辽东开垦者，按其招民数量授予相应的文武官职："招至百者，文授知县，武授守备；六十名以上，文授州同、州判，武授千总。……招民多者，每百名加一级。"同时对移垦农民给予一定的补贴和资助，"所招民每日给粮一斗，每地一垧给种六升，每百名给牛二十只"，并"免交三年钱粮"。在此优厚条件的招引下，关内贫苦农民"或东出榆关，或北渡渤海"，大量徙居关外，有效地促进了东北人口的增加，使其广袤土地得以开垦，经济发展开始走向复苏。

但招民开垦的政策仅实行了15年，因为内地移民迁入东北后"物价较前昂贵，于旗人生计未免有碍"，而满汉杂居，旗人又"不复有骑射本艺"，为了保护旗人在东北地区的特殊经济利益，同时保存满族固有的习俗，康熙七年（1668年），清政府下令废除招民开垦，在山海关等地遍设关卡，加强稽查，对移民"事先起票，过关记档，只身放行"。与此同时，清政府沿着明代辽东千里边墙旧址插柳结绳，构筑警戒线，称为"柳条边"。柳条边内设有21处边门，派兵把守，禁止汉人随意出入。到了乾隆年间，清政府更是颁布了一系列针对盛京、吉林、黑龙江的封禁令，驱逐进入东北的流民，并且封锁了从山海关、内蒙古、奉天（今沈阳）沿海进入东北的陆海交通线，东北全面封禁政策开始形成。

虽然清政府明令不得出关，但是关东地区肥沃的土地、较低的田赋地租、丰富的人参鹿茸等资源无疑对关内无地或少地的贫苦农民具有巨大的诱惑力，加上关内人口密度大，人地矛盾尖锐，自然灾害多发，灾民无路可走，为了生计只能铤而走险，辗转迁徙到关外。由于这些移民是在封禁条件下民间自发组织的，属于非法移民，所以一般称为"闯关东"。

"闯关东"是中国近代史上第一次移民大潮，持续了300多年。移民的主体是山东人，其中登州、莱州、青州人占较大比例，其次是直隶人，以天津、滦州、保定、乐亭等地的百姓居多。此外，也有不少河南、山西人，甚至还包括陕西、安徽、浙江、福建等省份的少量居民。移民的路线主要有两条，即陆路和海路。陆路是从山海关、喜峰口、古北口等长城关隘迁往辽沈地区，海路则是由山东半岛或福建沿海乘船到达辽东半岛，然后深入东北内部。移民中基本为男性，以青壮年为主，他们进入东北后主要从事的是农垦，也从事采参、淘金、伐树等职业。

对于"闯关东"的所谓"非法移民"，清政府起初采取的是强行驱赶措施，但成效不大。最后，清政府只好一面严禁流民进入东北，一面又默许流民出关，以"收募为民"的手段，将流民登记入籍，并设州县进行管辖。嘉庆八年（1803年），封禁有所弛缓，允许灾荒条件下单身劳力凭证件进入吉林禁封区。这时的汉族移民主要分布在靠近关内的辽宁，进入吉林、黑龙江及其以东以北地区的移民还很少。因此东北地区仍然存在巨大的人口缺口，即使到了道光、咸丰年间，绝大部分地带还是处于人烟稀少、土地荒芜的状态，这不仅延缓了东北地区的土地开发和农业发展，而且致使边疆防御力量空虚，给沙俄的入侵提供了可乘之机。

19世纪中期开始，沙俄侵略者频繁入侵中国黑龙江流域，侵占了中国东北大片领土，并不断向占领区移民，企图将其变为继续侵略中国的后方基地。边疆危机的加深，使清政府意识到向东北移民的重要性，加上清王朝的财力日益拮据，为了开放荒地，收拢资金，清廷开始转变政策，解除封禁，实行移民实边，关内汉族"闯关东"走向合法化。1860年，清政府首先开放了哈尔滨以北的呼兰河平原，次年又开放了吉林西部平原，从此移民关东势如潮涌。1875年和1881年，清政府先后取消了对鸭绿江北岸和图们江北岸的封禁，在吉林设置垦务局，对移民东北的汉人实行放荒、免税、补助等优惠，奖励其移垦东北。为了鼓励和招徕中原人民前往东三省垦荒，清政府分别在汉口、上海、天津、烟台等重要城市设立边垦招待所，由专门官员招收垦荒群众。愿意出关的农民不仅减免车船票，认垦时也不需交押租钱，而且青黄不接之时，还可以得到官立银行的贷款接济。在种种优惠政策的吸引下，大量关内平民迁居关外，形成了近代汉族迁移东北的第一个高潮。据不完全统计，到光绪二十六年（1900年），东北人口总数已经达到1400万左右，汉人占80%，成为东北地区的主体民族。

清朝灭亡后，民国年间，"闯关东"的洪流依然澎湃，在1920—1930年间，又出现了一次汉族人口迁移东北的高潮。这个阶段的移民也是以关内的灾民为主，尤其是1927—1929年间，关内连续发生特大灾荒，造成大量关内灾民外迁。而此时东北地区的交通更为便利，铁路和港口的建设发展带动了工矿业、商业的繁荣，对劳动力的需求也迅速增加，在此背景下，山东、河北、河南等地的灾民纷纷涌入东北，其中吉林、黑龙江两省成为关内移民的主要输入区。

从全面封禁到驰禁放荒，再到全部开禁，"闯关东"经历了三个历史时期，其间有上千万的关内人口跋山涉水，突破重重险阻，来到广袤荒凉的关东大地。这些移民成为近代开发和建设东北的主力军，他们的到来为东北地区的发展注入了活力，使这里的政治、经济、文化与内地融为一体，从而加速了当地的社会变迁，为商品粮生产基地的形成奠定了基础，最终完成北大荒到北大仓的历史性转变。

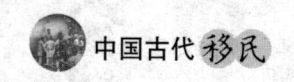

三、徙居塞外——走西口

"哥哥你走西口,小妹妹我实在难留,止不住那伤心泪,一道一道往下流……"一曲荡气回肠的古老民歌《走西口》,道出了近代晋、陕、冀等地人民出外谋生的辛酸经历,也反映出一段背井离乡、规模巨大的移民历史。

"口"是明代以来北方人对长城沿线关隘的习惯性称谓。所谓"西口",指的是张家口以西各口尤其是杀虎口(遗址在今山西省朔州市右玉县)。在清代,山东、河北等地的人民除了迁往关东谋生外,还纷纷通过长城西段的张家口、独石口、杀虎口等关隘出关,迁移到长城北面的蒙古草原,从事农耕或商业活动,这种向塞外蒙古草原移民垦荒的活动被内地人形象地称为"走西口"。

这次人口迁徙事件从清朝前期开始,到清末民国达到高峰,前后共持续了3个世纪左右。该现象的形成有着深刻的历史原因。

恶劣的自然条件是造成"走西口"的重要因素。在"走西口"的移民人口中,山西和陕西的移民占据了颇高的比例,尤其是晋西北、陕北是移民的主要集中地。这里属于典型的黄土高原地带,沟壑纵横,气候干燥,土壤贫瘠,植被稀少,水土流失相当严重,而且时常遭受风沙、干旱的严重威胁,因此造成人口大量流失。河北、河南和山东也是"走西口"移民的重要源地。这些地区位于黄河下游,受到的水患和饥荒比较严重。为了摆脱自然灾害对生存带来的威胁,不少百姓只有徙居他乡,另寻生路。

"走西口"的出现也与塞外草原的自然人文特点和清政府的移民政策有所联系。草原地域辽阔,西部地区有着良好的自然条件,"田土高且腴，雨雪常调，更兼土洁泉甘"，尤其是靠近长城一带，光照充足，土壤肥沃，适宜发展农业生产。但是由于蒙古族属于传统的游牧民族，长期以来主要从事畜牧业，并不习于农耕，因此其经济发展模式十分单一。为了摆脱单一游牧经济带来的问题，当地迫切需要开发农业，而这对于谙熟农业、处于严重生存压力之下的关内贫苦农民产生了巨大的吸引力，因此每逢自然灾害，就有大量灾民涌入塞外草原。

面对关内人民移垦塞外的现象，清政府一开始推行严格禁止的政策。清朝前期，清政府出台了一系列针对口外移民的"封禁令"，不准内地人民出边开垦蒙荒，违者照例治罪。康熙中叶开始，关内人口快速增长，人地矛盾越来越尖锐，加上自然灾害频仍，灾民规模巨大，清朝统治者为了解决灾民的生计问题，巩固自身的统治，不得不做出让步，允许内地灾民到口外从事垦荒。但出于对地方治理的忧虑，仍然进行了一些限制，如发生严重灾荒时开禁，灾荒结束后封禁；对出口移民实行严格的印票制度，"每年由户部给予印票八百张，逐年换给"；出边汉人不准携带妻子儿女，亦不得娶当地妇女为妻；"每招募民人，春令出口种地，冬则遣回"；等等。

嘉庆以后，随着社会危机的日益严重，清政府无力维持以往的限制政策，成千上万的垦荒者流入口外。到了晚清时期，中国社会的矛盾更加尖锐和复杂，内部阶级矛盾和民族矛盾不断加剧，人口和财政压力加大，外部帝国主义侵略不断扩大，加速了封禁政策的破产。光绪末年，在一些有识之士的呼吁下，清政府不得不实行"移民实边"政策，全面"放垦"。

随着移民限制的终结，内地移民得以畅通无阻地来往于长城内外，"一年成聚，二年成邑"，由季节性的迁徙演变为定居，在长城以北形成了不少汉人聚居区。由于移民分别通过长城关口和柳条边进入，因此，当地人口增多也从长城沿线和柳条边沿线开始，由归化城土默特、察哈尔南部、卓索图盟、昭乌达盟沿长城渐次向北推进，或者由辽东地区越过柳条边墙向西推进。这些汉族移民以农民为主，也包括大批商人和手工业者，他们主要分布在归化城、察哈尔和鄂尔多斯等地。其中，归化地区的汉族移民最多，自康熙以来就有大量山西、陕西的移民定居于此，据统计，到光绪年间，进入归化的汉族移民人口至少在100万以上。到了民国初期，今内蒙古自治区内的汉族移民及其后裔已经超过160万人，成为当地的主体民族。

　　内地移民的大量迁入，加速了塞外草原的开发历程。垦荒的农民带来先进的农耕技术，使这里的农业获得长足发展，从此游牧之地开始农田延绵、村落密集，千里荒漠变为"塞上谷仓"。而商人群体的云集，带动了商业的发展和城镇的建设，很快在浩瀚的大漠上出现了"商贾辐辏、百货杂陈"的繁荣景象。

四、血浓于水的血缘亲情——大陆移民对台湾的开发

　　台湾自古以来就是中国不可分割的一部分。祖国大陆与台湾的历史渊源十分久远，早在远古时代，二者就有着密切的联系。考古证明，台湾最早的人类"左镇人"就是在3万年前从福建地区移居到台湾的，而台湾的土著民族高山族也与大陆东南沿海地区的土著民族闽越人有着血缘关系。明确记载大陆人到达台湾的史实始于《三国志》：黄龙二年（230年）春正月，吴王孙权遣将军卫温、诸葛直率兵浮海到台湾，"但得夷洲数千人还"。

　　唐朝以后，东南沿海的居民为躲避战乱开始向台湾地区移民，也

有不少商人因海难而流落到台湾。宋元以后，中国历代中央政府对台湾实施行政管辖，进行治理与开发。明朝后期，福建海澄人颜思齐和泉州南安人郑芝龙率一批人分乘 13 艘船移居台湾。他们在当地伐木辟土，构筑寮寨，开发农业和渔业，并以提供耕牛、种子、农具等优惠条件招募大陆移民赴台垦荒。当时，福建的漳州、泉州、兴化等地正遭受连年的大旱，百姓饥寒交迫，于是竞相前往投靠，由此揭开了中国历史上大陆地区大规模向台湾地区移民的序幕。在此前后，侵占台湾的荷兰殖民者也大力招徕大陆沿海居民入台屯田和经商。据估计，这一时期有 6 万至 10 万的大陆居民迁移到了台湾地区。

1662 年，郑芝龙之子郑成功将荷兰侵略者驱逐出台湾，台湾历史进入"郑据时代"。此时的汉族移民主要分布在台南地区，大致由两部分构成：一部分是郑成功入台时带来的士兵和家眷，大概有 4 万人；另一部分是清政府实行迁海令导致的移民。大陆移民为开发台湾提供了大量的劳动力，台湾地区的荒地得到大规模开垦，垦殖的田园面积达到 1200 多公顷，比荷兰殖民者统治时期扩大了 1 倍。而随着大陆先进的农业生产技术传入台湾，这里的经济得到迅速发展，翻开了台湾开发史上重要的篇章。

康熙二十二年（1683 年），清政府收复台湾，次年设立台湾府。当时清政府为了削弱郑成功在台湾的影响，将"郑据时代"渡台的大陆移民悉数迁回原籍。不仅如此，清政府还颁布了一系列渡台禁令，规定：渡台移民必须由所在地方官府验明身份，发给凭照，方可登船渡海，经台湾海防同知查验无误后，方许登岸；渡台者不准携带家眷，已渡台者不得接引家属；等等。

虽然禁令森严，但闽南、粤东沿海地区私渡者不绝。康熙中期以后，移民禁令有所松弛，迁台开垦的闽粤移民更多，移民的分布区主要位于台湾西部平原和台中地区。

雍正十年（1732年），清政府同意部分开放携眷渡台之禁，大批在台流民的家眷得以搬迁入台，由此形成了移民台湾地区的新高潮。到乾隆五年（1740年），渡台的大小家眷不下2万余人。此后时禁时开，直到乾隆五十三年（1788年），"不准携眷"的禁令才被完全废止。此举使大陆人口渡台进入新的阶段，极大地推动了闽粤地区向台湾地区的移民，而且促进了移民由候鸟式迁徙向定居式生活转变。至嘉庆年间，移民入台达到高峰，不仅兄弟相率、夫妻相随，甚至出现举家迁台的现象。据统计，到了嘉庆十六年（1811年），台湾地区的汉族人口已经达到200万人。

清朝末年，作为中国东南沿海门户的台湾，成为帝国主义列强垂涎的一块肥肉。1875年，日本借口琉球渔民被害，悍然出兵侵入台湾，在清政府签约赔款后才撤离。侵略势力的威胁，使清政府深刻地认识到台湾战略地位的重要性，于是逐步加强对台湾的开发与管理，不仅废除了历时190多年的限制对台移民政策，而且设立了"招垦委员"和招垦局，大规模招募大陆居民赴台开垦，并为入台人员提供口粮、耕牛、农具、种子等优惠，大量大陆居民因此移居台湾。光绪十二年（1886年），台湾建省，再度掀起了移民高潮。众多移民的迁入使台湾地区得到前所未有的开发，对促进台湾发展、巩固东南边防、加强两岸血肉联系具有巨大的现实意义。

下编
人文荟萃——移民中的交流碰撞与文化扩散

　　移民是文化传播的重要载体，因此人口的迁移往往意味着文化的迁移和扩散。在中国移民史上，无论是汉族人口的单向迁徙，还是少数民族的内迁，无论是中国人口的跨境流动，还是海外移民的迁入，都引起了文化的跨地域性传播。在这个过程中，汉文化与少数民族文化相互交融，一起谱写了中华文化的灿烂；中华文化与海外文化彼此碰撞，共同创造了世界文化的辉煌。

　　汉文化随着移民的足迹传播到大江南北，并在世界各地落地生根，带来巨大的影响。文化的遗韵深刻烙印在移民的血液之中，代代相传。追寻祖先的踪迹，寻找故乡的根脉，成为无数移民后裔魂牵梦萦的情结。

　　本编重点叙述中国古代人口迁移产生的文化交流与扩散，包括中国内部移民对文化的贡献、中国历代海外移民及其影响、中国移民与寻根文化的关系三部分内容。

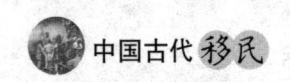

第五章 文化大熔炉——移民造就的盛景

移民是文化的传播者，也是文化的贡献者。在中国历史上，文学、语言、戏剧、饮食、音乐、宗教的发展和繁荣都离不开移民的奉献。形形色色的移民是中国文化盛景的缔造者。

第一节 故园千里梦断肠——笔墨里的乡愁

安土重迁是中国人根深蒂固的传统观念，每个人都有挥之不去的乡土情结。在古代，由于种种原因，总是存在被迫迁徙的现象。背井离乡的遭遇对绝大多数移民来说都是苦痛的。浓浓的乡愁需要宣泄，文学创作就成为一个重要的方式。移民作家的文学作品，不仅凝聚着他们的乡思，也反映了时代的沧桑巨变。

一、寸心含有万斛愁——江陵移民和庾信的诗赋创作

庾信是南北朝时期著名的诗人，是"衣冠北渡"的代表，由南入北的特殊经历，形成了他文学创作的"分水岭"，也使他的艺术造诣达到了"穷南北之胜"的高度。

庾信字子山，祖籍南阳新野，八世祖时家族随晋王室南渡。他是书香世家官宦子弟，其家"七世举秀才""五代有文集"。庾信自幼聪

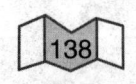

敏，涉猎很广，尤其喜欢《左传》。早年时，他和父亲庾肩吾都是梁朝著名宫廷文人。他做过东宫讲读、东宫抄撰学士，与徐陵一起开创了被称为"徐庾体"的宫体文学。他在这一时期的创作，多奉和应景之作，写风花雪月、美人宴席，诗风绮丽浮艳，内容较为空洞，虽有佳句而无佳篇。

梁武帝太清二年（548年），侯景叛乱，由寿阳出兵，顺江而下，一直打到建康城下。第二年，侯景攻破建康城，梁武帝被囚而死。庾信当时正好任建康令，在全军溃退后便逃去江陵，辅佐梁元帝。

梁元帝承圣三年（554年），庾信奉命出使西魏，抵达长安不久，西魏进攻江陵，梁元帝被杀，文武百官及绝大部分士民被强制迁往长安，其中被没为奴婢者达10万人。在这批移民中，包含了不少文人名士，如王褒、颜之仪、宗慎、殷不害等。北朝君臣一向倾慕南朝先进的文化，因此将这些高素质人才奉为上宾，给予相当优厚的礼遇。庾信久负盛名，也受到了西魏的器重，官至车骑大将军、开府仪同三司。北周取代西魏后，爱惜庾信的文才，也给予他高官厚禄。南朝陈霸先时，和北周通好，曾请求赎回庾信等人，北周答应放还一部分人士，但对才名最高的王褒和庾信，则拒不同意放回。王褒与庾信从此便滞留在北方，度过了他们的余生。

庾信留寓北方，虽然名位尊崇，深受皇帝礼遇，但他始终怀着乡关之思，对江南念念不忘，并为自己屈身事敌而面热心寒。他的诸多情感深深浸透在他的作品之中。他曾将自己的种种愁态凝结在《愁赋》之中，这篇文章的全文现在已经亡佚，只留下一些残句："闭门欲驱愁，愁终不肯去""谁知一寸心，乃有万斛愁"……诗人的愁苦之情溢于言表。他的《拟咏怀》27首，以及其他的五言小诗，常常能把强烈的思乡之情和苍凉的境界结合起来，形成惊心动魄的艺术效果，如：

阳关万里道，不见一人归。惟有河边雁，秋来南向飞。(《重别周尚书》)

玉关道路远，金陵信使疏。独下千行泪，开君万里书。(《寄王琳》)

最能代表庾信创作高峰的是脍炙人口的《哀江南赋》，这篇文辞宏富的作品，交织着庾信复杂的情感。它将家世与国史联系起来，将个人遭遇与民族灾难融会在一起，表达了对梁朝君臣昏庸苟安的沉痛指责，对人民遭受劫乱的哀伤，以及对故国的深沉怀念。

北迁后的庾信，由于生活阅历和心态的变化，诗赋内容也发生了根本性改变，作品的深度和广度都有了较大的飞跃，诗风亦为之一新。这一时期，他的作品既有南方文学的秀丽清新，又有北国文学的雄浑慷慨，二者融合形成了一种悲壮瑰丽的风格。杜甫说"庾信平生最萧瑟，暮年诗赋动江关"，又说"庾信文章老更成，凌云健笔意纵横"，可谓是他晚年诗赋特色的写照。

二、故国之思如流水——李煜的亡国哀音

"国家不幸诗家幸，赋到沧桑句便工。"南唐后主李煜虽然是个不合格的政客，但他在文学领域却是颗光辉闪耀的巨星。

李煜是南唐中主李璟之子。他出生的时候，南唐刚刚立国，他的祖父李升苦心经营，将南唐治理得四境晏然，物阜民丰，人才济济，史称"儒衣书服盛于南唐""文物有元和之风"。可以说，李煜的少年时代是在太平盛世中度过的。李煜自幼就在书画上表现出很高的造诣，并且谙于音律，工于诗文，尤其擅长作词。由于长期长于深宫，缠绵

于充满脂粉气息的温柔之乡，又受到"花间派"词风的影响，这一时期他的词作基本上描写的都是富丽堂皇的宫廷生活和风花雪月的男女情事，风格上呈现出绮丽柔靡的特点，内蕴则空洞不足。如这首《木兰花》：

晚妆初了明肌雪，春殿嫔娥鱼贯列。笙箫吹断水云间，重按霓裳歌遍彻。 临春谁更飘香屑？醉拍阑干情味切。归时休放烛光红，待踏马蹄清夜月。

中主李璟时，南唐开始大规模对外用兵，由于穷兵黩武，兵祸连年，国力受到削弱。在后周的攻击下，南唐不仅割地求和，被迫迁都，还主动去除皇帝称号，自称国主。南唐自此一蹶不振。等到李煜即位时，南唐国力已呈衰颓之势。此时北方已建大宋王朝，李煜在强敌压境的情况下，不得不削去唐国号，改称"江南国主"，继续过纸醉金迷的生活，偏安一隅十几载。

开宝八年（975年），宋兵攻下金陵，李煜肉袒降于军门，被俘到汴京，南唐最终败亡于北宋之手。沦为俘虏的李煜被封为违命侯，软禁在深院小楼之中。从一国之君到阶下囚徒，生活的巨变和国破家亡的奇耻大辱，让李煜彻底清醒了，悲哀、痛楚席卷了那颗麻木的心。无法忘却的亡国之痛和与日俱增的故国之思在他内心汹涌翻腾，最终全部化作杜鹃啼血式的哀鸣，铸成了独具特色的"俘虏词"。

李煜以字字血泪回忆了国破时的景象，极度的痛悔之情充溢笔间，如《破阵子》：

四十年来家国，三千里地山河。凤阁龙楼连霄汉，玉树琼枝作烟萝。几曾识干戈？ 一旦归为臣虏，沈腰潘鬓消磨。最是仓皇辞庙日，教坊犹奏别离歌。垂泪对宫娥。

几年的俘虏生涯，是李煜一生中词创作的最大丰收期，成就远远超过了前期。这一阶段，他的词风发生了根本性的变化，在境界和技巧上都达到了一个前所未有的高度，将词的创作向前推进了一大步，"词至李后主而眼界始大，感慨遂深，遂变伶工之词而为士大夫之词"。

词成为李煜情感的寄托，去国之思、失国之悲、亡国之恨全部纳入一个"愁"字之中，如《相见久》：

无言独上西楼，月如钩。寂寞梧桐深院锁清秋。 剪不断，理还乱，是离愁。别是一般滋味在心头。（《相见欢》）

又如《浪淘沙》：

帘外雨潺潺，春意阑珊。罗衾不耐五更寒。梦里不知身是客，一晌贪欢。 独自莫凭栏，无限江山，别时容易见时难。流水落花春去也，天上人间。

当他实在忍受不下家国之思，便不再怕"声闻于外"，招来祸事，索性将郁结的情感尽情宣泄，不吐不快，如《虞美人》：

春花秋月何时了？往事知多少！小楼昨夜又东风，故国不堪回首月明中！ 雕栏玉砌应犹在，只是朱颜改。问君能有几多愁？恰似一江春水向东流。

这是李煜最著名的一首词，写尽亡国君主的哀愁，被视为离愁的绝唱，但也成为这位词帝的亡命之曲。

太平兴国三年（978年），是李煜被囚禁的第三年，这年的七夕之夜恰是李煜的生日，他在家中命歌伎作乐庆生，高唱《虞美人》词。当这首哀婉凄恻、饱含离愁的词曲传入宋太宗赵光义的耳中时，这位本就对李煜怀有猜忌之心的帝王勃然大怒，杀机顿起，马上命人将李煜毒杀。这个被曹雪芹评为"古之伤心人"的不幸之人，就这样在悲凉的秋夜黯然离世，像一场繁华凄凉的梦，也像一首哀怨悱恻的诗。

三、辗转流徙天地间——诗圣杜甫的漂泊之旅

杜甫曾说"白也诗无敌"，在唐朝诗坛上，能够和李白相敌的就是杜甫自己。杜甫生活在唐朝由盛转衰的节点，安史之乱的劫难不仅颠覆了他的生活，对他的创作也产生了深刻的影响。

杜甫字子美，祖籍京兆杜陵（今陕西省西安市东南），他这一族从十世祖起徙居襄阳，到了曾祖父杜依艺任巩县（今河南省巩义市）县令时，举家迁居巩县，他即出生在城东二里的南瑶湾村。杜甫出身于一个有文化修养的传统世家，十三世祖是晋代名将杜预，祖父是"文章四友"之一的杜审言。"奉儒守官"的家庭氛围使杜甫从小就得到了良好的文化教育。他7岁开始学习写诗，到了14岁，已经能够写出很好的诗篇，与当时的文士酬唱。杜甫的青年时代是在漫游中度过的。从开元十九年（731年）到天宝四载（745年），十几年间他曾三次出门游历，南到现在的江苏、浙江一带，北到河北、山东，其间遍览名山大川、名胜古迹，还与李白、高适等人结下深厚的友谊。这一时期的杜甫过着"裘马轻狂"的生活，诗歌主要表现个人生活和描写自然山川，显示放之风，代表作有《望岳》。

天宝五载（746年），35岁的杜甫来到长安。第二年，他参加了制举考试，权相李林甫上演了一出"野无遗贤"的闹剧，应试举子全部落选。此后杜甫在长安困守数年，奔走自荐，始终没有谋得一官半职。直到他44岁时，才被唐玄宗封了个从八品的小官。在长安漂泊的这段时期，是杜甫政治失意、生活落魄的时期，"朝扣富儿门，暮随肥马尘，残杯与冷炙，到处潜悲辛"。穷困屈辱的生活，使杜甫深切地体会

到人民的疾苦，他的诗风开始向现实主义转移。此阶段存诗100多首，《兵车行》《丽人行》等均为名篇杰作。

天宝十四载（755年），撼动大唐根基的"安史之乱"爆发，次年潼关失守，唐玄宗仓皇西逃，这时的杜甫与难民一起流亡，开启了他长达十几年的西南漂泊生涯。

杜甫携家逃往鄜州（今陕西省延安市富县）羌村，当他听说肃宗即位后，便只身北上，投奔皇帝，不料中途被叛军俘获，送往长安，当了八个月的俘虏。天宝十六载（757年），杜甫从长安逃出，前往凤翔投奔肃宗，被任命为左拾遗，不久贬为华州司功参军。天宝十八载（759年），因为饥荒弃官，他带领全家来到秦州（今甘肃省天水市），后又从秦州到了同谷（今甘肃省陇南市成县），而后走上艰难的蜀道，迁居四川成都，"一岁四行役"。这期间，杜甫写下很多反映战乱和黑暗现实、同情民生疾苦的佳作，如"三吏""三别"等，为他赢得了"诗史""诗圣"的称号。

杜甫来到成都后，在严武等亲友的帮助下，于城西浣花溪畔建起了一座草堂，总算得以栖身。天宝二十一载（762年），蜀中军阀混战，为避兵祸，杜甫一度流徙梓州（今四川省绵阳市三台县）、阆州（今四川省阆中市）。蜀乱平息后，杜甫再度回到成都。天宝二十四载（765年），严武病死，杜甫在成都没有了靠山，只好携家乘舟东下，经过嘉州（今四川省乐山）、宜宾、渝州（今重庆市）、忠州（今重庆市忠县）、云安（今重庆市云阳县），于766年到达夔州（今重庆市奉节）。他在这里住了将近两年，生活比较安定。这一时期，杜甫的创作激情剧增，作诗430多首，占现存作品的30%。著名的《春夜喜雨》《闻官军收河南河北》《遣怀》《登高》《秋兴》都是在这个时段创作的。

大历三年（768年），杜甫思乡心切，于是携全家离开夔州。先乘船来到湖北江陵，再转到公安，接着漂泊到岳阳。这段时间杜甫一直住在船上，此时的他穷愁潦倒，冻饿随身，"亲朋无一字，老病有孤舟"。770年，杜甫由岳阳到潭州（长沙），由于臧玠在潭州作乱，又逃往衡州（今湖南省衡阳市）。后又回到潭州。不久，杜甫带着全家人沿湘江而上，准备去郴州投奔舅父。船行到耒阳，遇江水暴涨，未能成行，杜甫只好乘舟返回潭州，再前往故乡。当年冬天，贫病交加的杜甫在由潭州到岳阳的一条小船上去世，他的家人把他就近安葬在岳阳。关念苍生社稷的诗人杜甫，至死也未能回到魂牵梦萦的家乡河南巩县。

"安史之乱"是杜甫人生的转折点，也是他诗歌的转折点。他在苦难的后半生，羁旅辗转天地间，以雄健的诗笔描画那个充满血泪的时代，表现出对底层人民生活的关注，达到了盛唐诗歌现实主义的巅峰。

四、回首中原泪满巾——"靖康南渡"对词坛的冲击

"靖康南渡"是北宋和南宋的分界点，这场空前的南迁运动，就像一场巨大的雪崩，产生的影响力波及社会的方方面面。在南渡的过程中，宋代的文坛发生了巨变，宋词创作被推向新的高峰，逐渐走到与传统诗歌并驾齐驱的位置。

1126年，靖康之变后，北方相继沦陷，宋朝南迁。面对金军南下渡过黄河，直抵开封城，宋朝朝廷只想着议和，没有采取任何有效拒敌的策略，后来只能被迫一路南迁，统治者的不作为给南渡词人以极大的刺激，无数具有爱国情怀的词人纷纷用诗词来宣泄凝滞于心的亡国之痛和思乡之情。这时的宋词开始突破以往吟风月、弄花草的婉丽

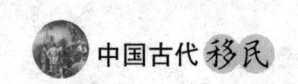

流转，向社会现实靠近，注入了鲜明的时代性和强烈的战斗性。

"南渡"词坛有两种不同的声音充斥。一种是亡国的哀吟，另一种是救国的呼号。前者往往跟自己的身世之悲交织在一起，直接反映家国之痛，形成了婉约词风；后者则是以爱国的热忱发出惊天动地的怒吼，直接表达荡平敌寇、重整河山的愿望，形成了豪放词风。这两种声音都是面对北宋灭亡而发出的反响，都充满激昂慷慨的气息。

朱敦儒和李清照是婉约词的代表，南渡是他们生命历程中刻骨铭心的经历，不仅改变了他们原来的生活轨迹，也影响了他们的创作之路。

朱敦儒字希真，河南洛阳人。他是南渡初期词人中存词最多的名家。朱敦儒早年以布衣著名，过着游山玩水、逍遥自在的浪子生活，词风洒脱飘逸。靖康元年（1126年）十一月，金军进逼洛阳，朱敦儒仓卒南奔。在匆忙南渡的途中，目之所及，都是失去家园的流民。他的《卜算子》写出了他南奔时的所见所感，可以看出从这首词开始，他的词风已经发生明显的变化：

旅雁向南飞，风雨初相失。饥渴辛勤两翅垂，独下寒汀立。　鸥鹭苦难亲，矰缴忧相逼。云海茫茫无处归，谁听哀鸣急。

朱敦儒南渡后，流落南方各地，对远离故国之痛感触尤深，因此写下许多感怀之作，表达山河破碎的悲愤、故园难回的哀伤。如《相见欢》一词：

金陵城上西楼，倚清秋。万里夕阳垂地，大江流。　中原乱，簪缨散，几时收？试倩悲风吹泪，过扬州。

再如，《采桑子·彭浪矶》：

扁舟去作江南客，旅雁孤云。万里烟尘，回首中原泪满巾。　碧山对晚汀洲冷,枫叶芦根。日落波平,愁损辞乡去国人。

李清照号易安居士,山东济南人,"南渡"词坛成就最高的女词人。她出身于书香门第,在家庭的熏陶下,小小年纪便文采出众。17岁时,李清照嫁给著名学者赵明诚,夫妻二人共同从事学术研究与诗词唱和,日子过得逍遥自在。李清照前期的词主要是围绕自己的闺阁生活来写的,如《点绛唇》,反映了她少女时代的纯真俏皮:

蹴罢秋千,起来慵整纤纤手。露浓花瘦,薄汗轻衣透。 见客入来,袜划金钗溜。和羞走,倚门回首,却把青梅嗅。

《如梦令》写出了她的烂漫大气:

常记溪亭日暮,沉醉不知归路。兴尽晚回舟,误入藕花深处。争渡,争渡,惊起一滩鸥鹭。

但这种和谐美满的生活很快被"靖康之变"打碎。靖康二年(1127年),徽、宗二帝被金军掳去,赵构在南京应天府建立南宋,赵明诚被调到江宁任知府,李清照随后加入平民百姓逃难行列,也仓皇南渡,次年到达建康与赵明诚会合。这场突然而至的风云巨变,引起了李清照心境和词境的变化,家国之痛取代了个人离愁,词的风格由闲适恬静转变为悲痛沉婉。在南逃途中,李清照不禁发出了"生当作人杰,死亦为鬼雄。至今思项羽,不肯过江东"的感慨。1129年,赵明诚病逝,留下李清照孤身一人,在战火纷飞的动乱中受尽煎熬。

寻寻觅觅,冷冷清清,凄凄惨惨戚戚。乍暖还寒时候,最难将息。三杯两盏淡酒,怎敌他、晚来风急?雁过也,正伤心,却是旧时相识。 满地黄花堆积。憔悴损,如今有谁堪摘?守着窗儿,独自怎生得黑?梧桐更兼细雨,到黄昏、点点滴滴。这次第,怎一个愁字了得!

此后数年，随着金军和宋军展开拉锯战，李清照随南宋朝廷四处逃难，"漂流遂与流人伍"。这期间，她历经世事的艰难与不幸，内心极为凄苦，写出了《武陵春》：

风住尘香花已尽，日晚倦梳头。物是人非事事休，欲语泪先流。闻说双溪春尚好，也拟泛轻舟。只恐双溪舴艋舟，载不动许多愁。

李清照后期的创作，是她一生的艺术高峰，不仅流露出一己之悲辛，也是那个时代的哀歌。

相比于婉约派的心声，豪放派的呐喊更加有力，在当时起到了振聋发聩的作用。当时豪放派的代表有辛弃疾、张孝祥、陈亮等人，在他们的作品中，充满了对收复故国的炽热渴望、对投降思想的无情抨击和对生不逢时的强烈愤慨。

辛弃疾字幼安，山东济南人，他的词发出了时代的最强音，代表着南宋爱国词的最高成就。辛弃疾早年参加过抗金义军，失败后南下。他的词笔力雄厚，大气磅礴，风格多变，人称"词至稼轩，纵横博大，痛快淋漓，风雨纷飞，鱼龙百变，真词坛飞将军也"。辛弃疾的词内容广泛，有对山河破碎的感慨，有收复故国的雄心，也有壮志难酬的悲怆。如《菩萨蛮·书江西造口壁》：

郁孤台下清江水，中间多少行人泪！西北望长安，可怜无数山。青山遮不住，毕竟东流去。江晚正愁余，山深闻鹧鸪。

再如，《破阵子》：

醉里挑灯看剑，梦回吹角连营。八百里分麾下炙，五十弦翻塞外声。沙场秋点兵。马作的卢飞快，弓如霹雳弦惊。了却君王天下事，赢得生前身后名。可怜白发生！

"靖康南渡"对南宋词坛的冲击力无疑是巨大的。这场社会性变迁使多愁善感的文人的思想发生了巨变，直接影响当时的文学风气。南渡后的宋词，反映了文人墨客的心路历程，也是一个时代的记录。

第二节　席卷英豪天下来——江南文化区的兴盛

江南文化区的崛起是随着中国古代汉人的三次南迁大潮展开的。晋代的永嘉南渡是江南文化鹊起的标识，唐末五代的北人南迁促使文化重心开始向江南推移，到了宋室南迁后，江南已成为全国的文化中心。

江南人文荟萃，从南宋到清末一直是学术思想的主要舞台，是人才产出的高地，正所谓"天下英才，半数尽出于江南"。

一、学术中心的转移——从"齐鲁弦歌"到"学在江浙"

黄河流域是中国古代文明的起源地，发达的农业和先进的文化使这里长期成为中国的经济、文化中心，思想学术高度繁荣。但是从宋代开始，这里的文人数量在全国的影响急剧下降，文化重心转移到长江流域，最终形成文化上"南强北弱"的态势。

春秋战国时，位于黄河下游的齐、鲁、梁、宋等国是中国文化最发达的地区，特别是齐鲁文化，代表了当时中国文化发展的最高水平，当时主要的思想家孔子、孟子、庄子、韩非子、管仲、孙武、孙膑、苏秦、张仪等，无不来自这一带。

秦和西汉时，学术中心分布在关东和关中。关东文风颇盛，"鲁中诸儒尚讲涌习礼，弦歌之声不绝"，是当时文人分布最密集的地区。陕西所在的关中平原是秦王朝和西汉的政治中心所在，因此人才济济。关中成为学术中心，与汉代的移民政策和对儒学的尊崇有关。西汉初年，迁"七相五公"与"州郡之豪杰、五都之货殖"到关中，移民的文化素质较高，使关中的文化水平大为提高。汉武帝时尊崇儒术，业儒通经成为进入官场的主要条件。精通儒学的世家大族累世高官，形成了关中士族，如刘向家族、冯奉世家族、杜周家族、董仲舒家族等。这些士族不仅自己通晓儒经，还广收门徒，开展大规模的私家教育，"传业者浸盛，支叶蕃滋，一经说至百余万言，大师众至千余人"，极大地促进了西汉经学的繁荣。

东汉时，学术的中心由长安转移到洛阳。光武帝时期，提倡儒学，设五经博士，并以宿儒出任官吏，同时创设太学，建立大量图书馆，范升、卫宏、桓荣等学者相继来到京师，促使洛阳成为新的学术中心。此后涌现一批经学大师，如贾逵、许慎、马融、郑玄等，他们都是著名的经学家。

唐至北宋，全国文化的重心分布在长安—开封—洛阳的东西轴线上。北宋时期的学术文化尤其发达，开封是全国的文化中心，会聚了大批文化精英。文化重镇洛阳，"士庶竞为游遨""轩裳之盛，士大夫之渊薮也"。这里也是"二程"（程颢和程颐）的活动中心，他们的学说被称为"洛学"。此时文化中心已有南移的趋势，江西、福建、江苏、浙江等地学术相继兴起，出现了很多领军人物。如晁以道所说："二徐兄弟（铉、锴）以儒学显，二杨叔侄（徽之、亿）以词章进，刁衍、杜镐以明习典故用，而晏丞相（殊）、欧阳少师（修）巍乎为一世龙门……庆历间人才彬彬，号称众多……皆出于大江之南。"

南宋时，随着人口重心和经济重心的南移，人才重心也转移到南方，江南成为中国文化重心所在。南宋定都临安，吸引了大量文人迁移，浙江的文人数量大增。江苏紧邻北方，接纳了大批北方移民，文化发展十分迅速，到了元代，江苏内文人数量达18人，占全国文人总数的40%以上。江西也是人才辈出，心学的开创者陆九渊、民族英雄文天祥皆出自江西一省。福建的文人分布也很密集。理学大师朱熹虽然不是福建人，但长期在福建生活，他所创立的学派被称为"闽学"。道学中的重要人物如胡安国、蔡元定、真德秀等都是福建人。明人黄仲昭、章潢高度评价了福建的学术地位，将其视为北方的邹、鲁，黄仲昭说："闽虽为东南僻壤，然自唐以来，文献渐盛。至宋，大儒君子接踵而出，仁义道德之风于是乎可以不愧于邹鲁矣。"章潢更是明确指出："邹鲁多儒，古所同也。至于宋朝，则移在闽浙之间，而洙泗寂然矣。"

明清以后，以今江苏、浙江为主的江南地区成为中国文人分布最密集的区域，不仅文化名人绝大部分出自此地，其在中国文化史上的地位也无以匹敌。明清两代，江苏、浙江的文人数量分别列全国第一、第二位。据史料记载，明代时全国著名儒生有115人，其中江西35人，浙江26人，南直隶（今江苏、安徽、上海）18人，福建9人，东南四省的人才总量占全国总数的76.5%。清代时全国著名儒生、文士有203人，长江流域为170人，占全国总数的83.7%。另据统计，清代全国重要人才有693人，长江流域485人，其中江苏185人、浙江114人、安徽57人、湖南41人，列各省人才数量的前四位。

从"齐鲁弦歌"到"学在江浙"，学术中心的变迁反映了文化重心变化的大势，也可以窥见与政治经济中心转移相关联的移民运动对文化的影响。

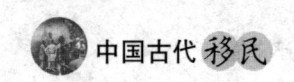

二、莘莘学子密如云——科举人才的主阵地

科举取士是中国古代选拔人才的重要方式,科举人才的多少及地域分布是衡量一地文化水平的重要指标。在北宋仁宗以前,科举入仕者以北方士人占绝对优势,但仁宗以后,科举及第比重开始南北易置。科举人才地理分布的变化,是文化重心南移的结果。

中国古代科举制度开创于隋朝开皇年间,唐朝时开始兴盛。唐朝的科举主要考查经学,对经学基础较好的北方士人十分有利,加之唐初先有贞观之治,后有开元盛世,长安又是全国的文化中心,拥有较大的辐射力,因此科举及第者大部分产于北方。在唐代中期以前,科举人才主要来自北方的关内、河南、河北、河东道,南方的岭南、剑南、江南、山南道则人数很少。根据现有的资料统计,在"安史之乱"爆发前,详细知道籍贯的 8 位状元,有 7 个是北方人。晚唐以后,南方地区的科举人才逐渐增多,从 843 年至 907 年,这里出现了 11 位状元,约占这一时期状元人数的 30%。其中荆州在唐朝前期尚属文化落后地区,在历次科举考试中无一人中举,被人戏称为"天荒",到了唐宣宗大中年间,刘蜕成为荆州籍第一位进士,遂称"破天荒"。

"安史之乱"后长达 200 年的大规模人口南迁,造成经济和文化重心逐渐南移。北宋时,南方的文化教育繁荣,尤其是两浙、两江和福建,在各州县大量设立各类官、私学校,州学普及率均达到 100%,县学普及率均超过 80%,所设私学占到全国的 72%。在此背景下,北方士人在科场上的优势逐渐丧失,而南方科举人才骤增。宋人洪迈感叹道:"古者江南不能与中土等,宋受天命,然后七闽、二浙与江之东西，冠带诗书，翕然大肆，人才之盛，遂甲于天下。"从进士数量来看，北宋进士共计9630人，其中南方诸省为9164人，占比95%。状元的比例也发生了逆转。仁宗以前，明确籍贯的27名状元中，南方人仅占6人，占比21%，从仁宗开始，在30名状元中，南方人就有21人，占比高达70%。

北宋灭亡后，北方被金、辽占据，南宋朝廷偏安一隅，依旧实行科举制度，考生范围基本限定在南方。这一时期，浙江、福建、江西的进士数量遥遥领先于其他地区，占到了全国进士总数的2/3以上。

明清以后，科举入仕者以江苏、浙江、安徽、江西居多，资料显示，明朝自洪武至万历，各科状元、榜眼、探花，共计244人，其中南方籍215人，占88.11%。在明朝有籍贯可考的89位状元中，人数最多的省份位于南方，其中浙江19人，江西18人，江苏14人。到了清朝，东南地区更是进一步崛起，科举进士主要分布在江苏、浙江、江西。有清一代，进士总数26747名，江苏省为2920人，约占全国总数的11%，其中苏州地区的进士785人；浙江省为2808人，约占全国总数的10%，其中杭州地区的进士1004人；江西省为1895人，约占全国总数的7%。在清代114位状元中，江苏占了46人，浙江占了20人，尤其是江苏苏州，出状元26人之多，是名副其实的"状元之乡"，号称"苏州特产是状元"。

宋代以来形成的人才分布格局，一直保留了下来，直到今天，江南地区依旧是中国文化的主要阵地。

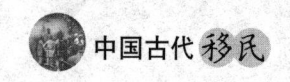

第三节　三里不同调，十里不同音——移民对方言和地方剧种的影响

语言的扩散也是一种文化传播现象。在中国历史上，语言的对外扩展和分布形势主要是由移民完成的。移民将迁出地的语言、口音带进迁入地，一方面促进了方言的传播，另一方面造成了语言的整合和分化，甚至会产生新的方言。

方言文化中，以方言土语表演的地方剧种是移民过程中结出的硕果。现在的川剧、桂剧、京剧等，都是当年移民文化的产物。

一、语言博弈——移民与方言的演化

我国的语言十分复杂，不同地区的人们使用的语言差异很大。从方言文化的角度来看，我国大约有七大地理方言分布区：北方方言区、吴语区、粤语区、湘语区、闽语区、赣语区、客家方言区。在汉语方言分布地图中，北方方言（也称官话方言）占了绝大部分面积，从黑龙江一直到云南，通行地域占全国汉语地区的3/4，使用人口约占汉族总人口的70%以上。其他六大汉语方言则集中在中国的东南部。

汉语方言地理格局的形成，与历史上汉民族频繁的移民活动有很大的关系。在七大地理方言中，除了北方方言，其他方言的产生都是以历代北方居民向南迁徙发端的。

北方方言在西晋以前分布在黄河中下游地区。永嘉南渡后，北方方言开始向南推进，越过秦岭—淮河一线，深入江淮之间，奠定了现在江淮官话的基础。北方方言还在湖北地区对楚语产生冲击，形成西

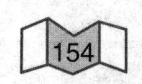

南官话的雏形。"安史之乱"时，北方汉人再度大规模南下，移民主要迁入湖北省，加强了北方方言对湖北方言的同化。靖康南渡时，移民集中分布在苏南和浙江，杭州、苏州城里的口音有所改变。但经过几百年的发展演化，苏州的北音已经消融，而杭州的北音依然存在。

西南官话是在明朝初年形成的。元末明初，四川在战火中破坏严重，人口锐减，来自湖北、江西的大量移民进入四川。今天四川地区的方言就是当时湖北的西南官话和江西方言传播的结果。明朝初年，对云南、贵州进行军籍移民，驻守两地的军士主要来自江苏、安徽，因此云南昆明的方言中含有不少类似江淮官话的成分。清代时，进入云、贵地区的移民以四川、湖南、江西人为主，可以想象，云、贵方言中的江西方言对四川的影响也很大。

吴方言主要分布在上海、苏南、浙江大部分地区和毗邻浙江的江西东部，使用人口约为汉族总人口的8%。吴语在南方六大方言中历史最为久远，其渊源可以追溯到商末周太伯、仲雍的南迁，由于这支中原移民的素质较高、文化先进，华夏语言遂在当地扎根，成为吴语的发展基础。三国时期，战乱频繁，江淮之间的人口大量进入江南吴地，使南方吴语受到北方话的影响，原始吴语逐渐演化成与当时中原地区有较大差异的一种方言。

湘方言大致流行于洞庭湖以南的湖南大部分地区和广西东北角的全州、兴安、灌阳、资源四县，使用人口约占汉族总人口的5%。湘方言的源头是古楚语。殷商时期，楚人集中居住在中原地区的濮阳（今河南省内）一带。商末中原大乱，楚人鬻熊率族人向西南迁到湖北丹阳，南迁的楚人使用的是华夏语言，后来演化成楚语，时间约在西周时期。战国初年，楚国的疆域扩展，湖南全境归楚国所有，古楚语通行全境。战国后期，楚国的活动中心迁移到淮河流域，湖南省内的古楚语遂慢慢演化成湘语。元朝末年，久经战乱的长沙地区化为乌有。明朝初年，从江西中部对这一地区进行移民，由此赣方言进入长沙。但长沙地区周围依然是湘语区，以后逐渐侵入这一赣语区，形成了没有浊声母的新湘语。

粤方言大体分布在广东中部、西南部，香港、澳门以及广西东南部，使用人口约为汉族总人口的5%，是仅次于北方方言、吴方言的最有影响的大方言。粤语起源于秦始皇时期。秦始皇统一岭南后，有10余万中原人迁入岭南，他们所使用的语言成为现在粤语的先声。此后不断有移民进入岭南，这些移民大多来自北部相邻地区，直接来自北方的不多。因此，外来移民的方言多为粤方言所融入，粤语中较多地保留了中原上古汉语的特征。

闽方言主要分布在福建大部、广东东部和雷州半岛、海南、台湾大部分地区以及浙江温州一带，使用人口约是汉族总人口的4%。闽语的形成相对较晚，应是形成于魏晋时期。三国时，孙吴立国江东，北方移民大量进入江南，一部分人沿海路和陆路深入福建，形成了古闽语的基础。从海路进入福建的汉人主要迁居到闽东和闽南，东吴政权曾在晋江口设县。从陆路迁入福建的汉人则进入闽北、闽中、闽西北。由于移民方向和入闽的路线不同，沿海和内地之间又长期相互隔绝，所以古闽语的内部差异很大。

闽语向福建以外地区的传播是随着福建人的外迁进行的。五代十国以后，福建人将闽语散布到广东雷州半岛。两宋之交及南宋末年，闽南人大量迁入广东，将闽南话传入广东东部、西部沿海地区，并在珠江三角洲留下一些闽南方言岛。一部分闽南人还由海路向北迁徙，使温州成为闽南方言区。清顺治十八年（1661年），泉州南安名将郑成功为驱逐荷兰殖民者，先后移入6万沿海居民，30多个姓氏入台，后来闽南话渐渐发展成台湾主要方言。

赣方言主要分布在江西中部、北部和湖北东南角，使用人口约为汉族总人口的2%。赣语形成于东晋南朝时期，西晋末年，北人大规模南下，部分移民进入江西的北部，他们使用的语言形成了赣语的前身。中唐以后至两宋时期，大批北方移民进入江西北部和中部，其语言与先期到达的移民语言相融合，最终形成了赣语。在明朝初年的大移民中，大量江西人迁移到湖南、湖北和安徽，影响了这些地区方言的分布，在湖北东南地区和皖西南地区形成了赣语区。

客家方言主要分布于江西南部、广东北部、福建西部和台湾新竹、苗栗等地以及广西、湖南、四川的部分地区。唐至五代时期，一部分北方移民进入赣南和闽西，由于地形闭塞，这部分移民的方言与北方方言隔绝开来，走上独立发展的道路，最终形成客家方言。北宋时，赣南和闽西的人口开始向粤东迁移，粤东客家话逐渐形成。明清时，客家话随着客家人的迁移而四处扩散。

二、移民文化和土著文化的结合——传统戏曲的形成

戏曲是一种传统的艺术形式，包含文学、音乐、美术、舞蹈、杂技、武术等多种因素。戏曲发源于秦汉时期的乐舞、百戏和俳优，宋金时期形成的杂剧将中国传统戏曲推向了高潮，但它只是由歌舞、音乐、调笑、杂技等拼凑而成，并不能连贯地叙述一个完整的故事。南宋时形成于浙江温州的南戏，是中国戏曲最早成熟的形式。蒙古灭金后，在中原地区流行的以说唱为主的鼓子词、诸宫调等已不能满足人

们的娱乐文化需要，于是逐渐产生一种歌舞兼备、有声有色的新型艺术形式——元杂剧。元灭南宋后，元杂剧随着移民的南迁传入南方，与当地的南戏融合，到了元末，形成了各种声腔。在南戏系统中，弋阳、海盐、余姚、昆山四大声腔最具代表性。明初，随着大规模人口迁移的展开，弋阳腔和昆山腔在全国范围内流传，衍生了各种具有浓厚地方色彩的剧种。

（一）弋阳腔的传播和南方地方剧种的形成

弋阳腔是一种用锣鼓伴奏的戏剧声腔，最晚在元后期就已经出现在江西弋阳一带。在明清的移民中，弋阳腔随着江西人的大量外迁而传播到全国各地，衍化出多种富有地方特色的戏剧。

在明初大移民中，弋阳腔的分布中心鄱阳瓦屑坝是迁往安徽、浙江、江苏等地移民的集散地，从这里迁出的人口总数有百万之多，弋阳腔的流传路径与移民走向一致，经鄱阳向北部和西北部传播。

明初，江西地区有大量军籍移民迁往云贵一带，弋阳腔也随之传入云南和贵州。现在贵州安顺、惠水、平坝等地流行的"地戏"就源于明代进入贵州的军队。

川剧的形成和清初的"湖广填四川"有着直接的关系。它是来自全国各地的移民带来的地方戏剧艺术的融合体，主要的声腔高腔脱胎于弋阳腔，完整地保留了弋阳腔的主要演唱因素；昆腔由江苏传入的昆曲演变而来；二黄由湖北传入；弹戏和西皮来源于秦腔。有人说"没有湖广填四川，没有全国各地戏剧艺术在四川的大交汇，便没有川剧"。

广西地方剧种的形成和分布也与移民的活动相关。秦汉开始就不断有中原汉人迁入广西，大约在唐宋时，广西沿河、沿江的城镇地区已经流行类似两湖和中州的中原语言。明代时，以卫所士卒为主体的大量汉人迁入广西。后来，南宁地区形成了以官话为表演语言的邕剧。清代中期尤其是近代以后，来自广东的移民广泛分布在广西东南部、南部和西部，并以其的强大经济、文化辐射力，使这些地区迅速"粤化"，粤剧也取代邕剧成为南宁等地最主要的地方剧种。

桂剧是广西主要的地方剧种，广泛流行于桂、柳官话地区。明代中期是桂剧的雏形时期。来自湖广、江西、江苏、浙江等地的移民进入桂林、柳州一带，昆曲、弋阳腔、湖北清戏等地方剧种传入桂林，结合当地的语言和生活习惯，逐渐形成了一种新的地方戏——桂剧，其唱腔以南路二黄和北路西皮为主。清代后期，桂林、平乐等地迁入大量的湖南人，祁阳剧开始对桂剧产生影响。此时的桂剧科班多由祁阳艺人创办，演变自弋阳腔的高腔经过祁阳戏在桂剧中占有了一定地位。

流行于广西北部农村的彩调，与湖南零陵、邵阳等地的花鼓戏有着渊源。彩调的路腔类似花鼓戏的走场调，而且在表演上同花鼓戏一样重视扇子、手巾等道具，体现了湖南移民对广西戏剧的影响。

（二）徽班进京与京剧的形成

京剧是我国影响最大的戏曲剧种，被誉为国粹艺术。它虽然形成于北京，但并不是土生土长的北京戏曲，而是在徽剧、汉剧等古老戏曲剧种的基础上，吸收京腔、秦腔、昆剧的精华，逐渐形成的新剧种。京剧的形成离不开清代对北京地区的移民，尤其是徽戏和汉戏演员在北京的活动起到了关键作用。

徽戏也称徽调，形成于明末清初，原本流行于安徽南部的徽州（今歙县）、池州（今贵池）、太平（今当涂）、安庆（今安庆）等地，后来随着徽商的脚步流传到江南地区。徽戏的唱腔以吹腔、拨子为主，伴奏一般采用徽胡、笛子、唢呐。1790年，乾隆皇帝八十大寿，召徽

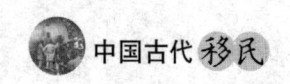

剧科班"三庆班"进京演戏祝寿，演出完毕，戏班就留在了北京，进行民间演出。由于徽戏生动朴实、贴近生活，所以迅速在北京站稳脚跟。随后，"四喜班""和春班""春台班"三大徽班陆续入京，这便是戏剧史上著名的"四大徽班"进京，徽戏的发展进入繁荣期，大批徽籍演员携家属定居北京。

徽班在北京的成功，刺激了汉戏艺人的北上。汉戏也称汉调、楚调，主要分布在湖北汉水流域，是以湖北清戏为基础，吸收二黄腔、秦腔的艺术成分发展起来的剧种。乾隆末年，汉戏已经传入北京。由于徽班、汉班进京之前就曾长期合作，因此徽班进京时，常有汉戏演员搭徽班演出。汉戏进京和汉戏演员搭徽班演出对京剧的形成起到了促进作用，不仅增强了演员阵容，提高了徽戏的演出水准，而且使汉戏的西皮、二黄唱腔和徽剧的传统吹腔拨子结合，丰富了徽剧的声腔旋律，并形成了完整的皮黄声腔板式，从根本上改变了徽剧原来的诸腔杂凑的现象，在声腔曲调上为京剧的形成创造了条件。

大约在道光后期，京剧初步形成。由于早期的京剧演员多是湖北人和安徽人，所以京剧的韵白中保留了南方语音的特色。这表明京剧的形成是徽戏、汉戏等地方戏"北京化"的结果，同时也反映出移民在戏剧发展中的影响。

第四节　中原文化中的外族"基因"

汉文化在发展的过程中，一面扩大自己的分布空间，壮大自己的文化体系，一面又广泛地吸收外来文化的成分。特别是汉代以来，随

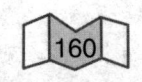

着少数民族的大规模内迁、丝绸之路的开拓和畅通，少数民族文化和西域文化陆续传入中原，形成"胡汉交融"的景象。在汉族民俗中，外来文化的痕迹随处可见，胡食、胡服、胡乐等风靡一时，开创了一个以胡化为时髦的潮流。

一、舌尖上的风情——胡食的盛行

中国古代将地道的外国人和北方的少数民族称为胡人，他们的饮食用器等都冠以"胡"字，以和汉族相区别。

胡人的饮食传入中原是从汉代开始的。西汉武帝时，张骞出使西域，打通了汉朝通往西域的道路，随后丝绸之路开辟，汉文化输送到遥远的西方，西域的物产、艺术等也"滚滚东来"。西域传入的物产大多与饮食有关，这种交流给中原人民的饮食生活带来了新的生机，对人们的物质文化生活产生了深远的影响。

汉朝时，从西域引入的饮食种类丰富，有黄瓜、蚕豆、绿豆、核桃、葡萄、西瓜、石榴、胡萝卜等瓜果，也有大葱、大蒜、胡荾、胡椒等调味品；有胡饼等面食，也有葡萄酒等饮品。胡人特有的烹饪方法也被传入中原。

汉代人喜欢的胡食主要有胡饼和胡饭。胡饼又称麻饼，是一种形状很大、敷有胡麻的烤饼，有时还要加上肉馅，和现在的馕有些类似。《太平御览》卷八六零引《续汉书》说："灵帝好胡饼，京师皆食胡饼。"帝王的胡食之风，带动了大臣、贵戚，也影响了民间，京师长安形成了一个胡食热潮。《太平御览》又载：东汉末年，乘氏县（今山东省菏泽市巨野县西南）李叔节兄弟"作万枚胡饼"犒劳吕布的军队，可见胡饼分布范围之广、制作能力之强。到了北朝，北方地区已经十分流行胡饼，成书于北魏的《齐民要术》详细记载了胡饼的烹饪方法。食胡饼的风气还随着移民传播到江南，东晋的王羲之年幼时就非常喜欢吃胡饼，甚至在豪门世族前来相亲时，他还"坦腹东床，啮胡饼，神色自若"。到了唐代，胡饼依旧是最流行的胡食之一。白居易有一首写胡饼的诗，其中有两句为"胡麻饼样学京都，面脆油香新出炉"，讲的是他学做胡饼送给友人的事。据说"安史之乱"时，唐玄宗西逃到咸阳集贤宫，饥肠辘辘之际，杨国忠亲自到集市上买了张胡饼献给唐玄宗。如今，这种烤面饼已经成为北方汉族地区饮食文化的重要内容之一。

胡饭也是一种饼食，类似北方的面卷饼。《后汉书·五行志》记载："灵帝好胡饭。"胡饭在南北朝时期成为风靡汉族社会的胡食。《齐民要术》里完整记载了胡饭的做法："以酢瓜菹，长切，将炙肥肉、生杂菜内饼中，急卷。卷用两卷，三截，还令相就。并六段，长不过三寸。"就是把腌制的酸瓜切成条状，再与烤肥肉、生菜一起卷在饼中，卷紧后切成不到三寸的段。随着移民的南下，胡饭也传入江南地区，当地人结合本地的饮食习惯，对其进行改造，称为春卷。

魏晋以来，随着少数民族的迁入，胡食逐渐在黄河流域普及开来。胡食中的肉食，滋味之美，首推"羌煮貊炙"。"羌煮"，顾名思义，来自羌族。羌煮就是煮鹿头肉，类似今天的涮羊肉。"貊炙"则是指当时东胡人的烤全羊等。《释名·释饮食》中说："貊炙，全体炙之，各自以刀割，出于胡貊之为也。"由于"羌煮貊炙"鲜嫩味美，所以受到广大汉族人民的青睐，逐渐成为胡汉饮食文化交流的代名词。肉食中的佳品还有胡炮肉和胡羹，在《齐民要术》中都有记载。

乳制品也在这一时期传入汉族地区。乳酪是比较受欢迎的乳类食品，是用牛、羊、马的乳汁发酵后制成的。《史记·匈奴传》记载："匈奴之俗，人食畜肉，饮其汁，衣其皮。"乌桓、鲜卑、柔然、突厥等游牧民族的饮食也是"食肉饮酪"。乳酪刚传入中原时，是一种珍贵的滋补品，只被皇族或贵族食用。如西晋时，尚书令荀勖体弱多病，晋武帝为表宠信，特"赐乳酪，太官随日给之"。东晋时期，前燕国王为了与东晋贵族交好，将"醍醐"数十斤作为礼物送给东晋大臣。隋唐以后，中原移民大量南迁，使奶酪在南方地区得到普及。

唐朝时，胡食在长安出现鼎盛局面。《新唐书·舆服志》中说："贵人御馔，尽供胡食。"唐代的胡食品种很多，面食有馎饦、毕罗、胡饼等，饮品则以葡萄酒、三勒浆、龙膏酒等知名。

毕罗来自波斯，是一种以面粉做皮、包有馅心、经蒸或烤制成的食品，类似今天的锅贴。毕罗在唐代非常风靡，长安有许多经营毕罗的食店。人们会客都喜欢到毕罗店里坐一坐。

葡萄酒在汉代时就传入中原，因香美醇浓，存放期长，受到帝王和显贵的推崇，可惜当时没有掌握酿造的方法。唐太宗时平定了高昌，将葡萄酒的酿造技术带到了中原，国中才有了自己酿的葡萄酒。此酒"凡有八色，芳辛酷烈，味兼缇盎"，最初只供宫廷御用，后用来赏赐群臣，之后又逐渐流入民间。三勒浆来自波斯。李肇《国史补》卷下称："又有三勒浆，类酒，法出波斯。三勒者，谓菴摩勒、毗梨勒、诃梨勒。"此酒在当时市面上也很受欢迎。唐顺宗时，又从西域传入龙膏酒，据说此酒"黑如纯漆，饮之令人神爽"。

元朝时，随着蒙古族入主中原，大量的蒙古人、色目人来到汉族居住地，带来了草原风味和西域风味，其中以蒙古族的食品具有典型性。蒙古族自古以畜牧和狩猎为生，饮食以肉奶制品为主，铁板烧、烤羊腿、手扒羊肉、蒙古馅饼、奶豆腐等是当时较为流行的食品。另外，其

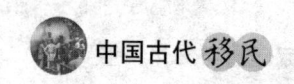

他民族食品还有卷煎饼、酸汤、秃秃麻失（手撒面）、八耳塔（豆面蜜羹）、哈尔尾（炒面蜜糕）、吉剌赤（豆粉煎饼）、哈里撒（黄烧饼）等。

值得一提的是，明代时从海外引入了玉米、甘薯、马铃薯、落花生、辣椒等物产。前四种粮食作物的传入，丰富了中国的粮食品类，尤其是玉米和甘薯，至今仍是中国许多地区的主粮。而辣椒的引进，对中国烹饪产生了极大的影响，大大充实了中国烹调的味型。

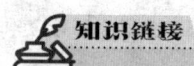

知识链接

马 球

马球是一种骑在马上用杖击球的运动，也称"击球""击鞠"。其最早发源于古波斯（今伊朗），后来经阿拉伯传入吐蕃（今西藏自治区），然后再传入我国中原地区。马球传入中原的具体时间已不可考，不过在汉魏时期已经有这项运动。唐朝时，马球在中原地区非常流行。相传唐太宗有一次来到长安城安福门，发现街上有吐蕃移民玩马球，于是下令号召推广，唐朝打球风气由此兴起。唐朝的很多皇帝都是马球的倡导者和参与者，而且有的球技还很高超，比如唐玄宗李隆基就是一位马球高手。他在即位之前，和其他王子、驸马等皇室成员组队与吐蕃人进行马球比赛，最后战胜了吐蕃。天宝年间，唐玄宗甚至下令把马球列入军队训练的科目。在皇帝的倡导下，马球逐渐兴盛风靡，成为皇室贵族、文武百官和民间百姓喜爱的运动形式。

二、衣冠的变革——胡服的风靡

"胡服"是中国古代北方少数民族为了便于骑马、射箭而穿戴的装

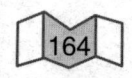

束。与汉民族服饰的宽衣、博带、长袖、套裤不同，胡服普遍是衣短、袖窄、合裤的形制。

"裤"即现代通常使用的"裤"字。"套裤"即所谓的"开裆裤"，只有两条裤腿，而没有裤裆。魏晋以前，"裤"是和"裳"一起穿的。"裳"是一种类似裙的服饰，古人穿衣，必定在"裤"的外面罩上"裳"。这种装扮决定了古人席地跪坐的坐姿，对日常生活产生了很大的影响，阻碍了两腿的自由运动，极不利于骑马。而少数民族穿的"合裤"是一种"满裆裤"，不仅利于骑乘，也便于行动。在这种情况下，胡服的传入应运而生。

胡服传入中原最早可以上溯到战国时期赵武灵王的"胡服骑射"。这是华夏服饰的一次重大改革，开创了后世华夏族接受胡族文化影响的先河。但当时的"胡服"仅在军中流传。汉朝时，胡服受到统治阶级的青睐，文献记载"文帝代服（胡服）……袭毡帽，骑骏马，……驰射狐兔""灵帝好胡服……京都贵戚皆竞为之"。到了南北朝时期，随着塞外诸民族的大量内迁和各少数民族政权的建立，胡服在中原流行开来，沈括《梦溪笔谈》中记载："中国衣冠，自北齐以来，乃全用胡服。窄袖、绯绿短衣、长靿靴、有蹀躞带，皆胡服也。"

唐朝时，周边民族再次大批迁入，汉族人在服饰上向少数民族的学习和借鉴达到了一个新的高潮。初唐时期，唐人就已经热衷穿胡服。贞观年间，突厥降将大量定居长安，带动了长安胡服的流行。这股"胡服之风"首先从贵族阶层刮起，太子李承乾就是胡服的忠实爱好者，他经常穿着胡服带着大批随从上街出行。不久，整个长安城都效仿穿戴，胡服的风尚还逐渐扩散到长安之外的一些地区。当时，幂䍦是女子中比较流行的服饰。幂䍦属于披风的一种，来源于吐谷浑，是女子骑马外出遮掩身影的工具，贵妇使用较多。《旧唐书·舆服志》中记载："武德贞观之时，宫人骑马者，依齐隋旧制，多著幂䍦。"武则天以后，则盛行戴帷帽。帷帽是一种带有垂布的宽边帽，布垂到肩，还可露出脸面，男女都可以戴。到了唐玄宗年间，胡服更加普遍，无论男女，皆着胡服。"开元初，从驾宫人骑马者，皆著胡帽，靓妆露面，无复障蔽……俄又露髻驰骋。或有著丈夫衣服靴衫""天宝初，贵游士庶好衣胡服，为豹皮帽，妇人则簪步摇，衩衣之制度，衿袖窄小"。在唐代的陶俑中，穿戴胡服胡帽的人物形象也十分常见。中唐以后，虽然经历了"安史之乱"，但唐人在生活中依然热衷于穿胡服。

值得一提的是，终唐一代，由于受胡服的影响很大，汉族的传统服装形制由原来的"上衣下裳"变成了"上衣下裤"，这种服制一直延续至今。

宋朝以后，由于政治、经济、文化条件出现新的变化，胡服的热度逐渐归于沉寂。

明朝初年，统治者为了抑制金元以来汉族社会生活"胡化"的趋势，下诏衣冠复古，并革除胡服。但由于长时间的民族融合，汉族服饰中还是吸收借鉴了很多胡服元素，如帖里、曳撒就融合了蒙古服饰的特点。

清朝入关后，为了巩固统治，在全国范围内推行剃发易服的政策，汉族男子须穿上满族衣冠。汉族妇女虽然可以继续穿汉服，但随着时间的推移和民族融合的加深，汉族妇女的服饰也出现变化，旗袍就是其中的代表。如今，旗袍已经成为中国民族服饰的代表。

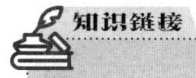

> **知识链接**
>
> ### 胡 床
>
> 当胡人的服饰在中原流行之时,其家具也被引入进来,并在汉族地区引起了一场意义重大的家具革命。传入中原的胡人家具中,最典型的是胡床。这是一种简单轻便、可以折叠的坐具,主要由8根横木组成,上部的两根横木用棕绳穿起来供人坐下,与现在的马扎相似,也称"绳床"。其最特殊之处是腿足高大,可以让人下垂双腿,双足着地,完全不同于汉族的跪坐低足床。因此,胡床传入中原后,就备受人们的喜爱。史书记载,胡床传入的时间是东汉后期。由于汉灵帝喜好胡床,所以一开始主要在宫廷使用。后来京城贵族也竞相使用胡床,胡床便开始流行起来。在魏晋南北朝时期,胡床的使用达到鼎盛,几乎在社会生活的各种场合都能看到它的身影。随着胡床在中原地区的传播和普及,垂足而坐日渐为中原汉人所接受,传统的跪坐最终被新兴的垂足坐取代,同时传统的矮式坐具也逐渐被淘汰。

三、琵琶美酒胡旋舞——胡乐胡舞入中华

中国古代的歌舞娱乐也弥漫着浓浓的胡风。早在秦汉时,胡乐就对汉族音乐产生了影响。

秦汉之际,汉族与周边地区的少数民族接触频繁,特别是在西北地区,由于对匈奴战争的胜利,大量内地移民迁往边地垦殖戍守,在胡族文化的影响下,逐渐形成了一种富有浓厚胡乐色彩的边地音乐。相传班固的先祖班壹在秦朝末年为躲避战乱迁居楼烦(今山西省忻州

市宁武县一带），养殖马、牛、羊几千群，汉惠帝时成为巨富，平时出入射猎，皆有旌旗鼓吹相伴。"鼓吹"是指鼓、笳、箫等乐器的合奏，源自西北少数民族，汉代初年用于边军，后逐渐用于朝廷宴会和婚丧仪式。

汉武帝时，张骞通西域，将西域音乐横吹传入中原。横吹的乐器主要是笛、笳、角等，皆在马上演奏。当时的横吹曲仅有《摩诃兜勒》一首，李延年以此为素材，改编出28首新颖的乐曲，作为仪仗使用的军乐。这是吸收西域音乐进行创作的最早记载。相传箜篌也是汉武帝时期传入中国的。汉武帝征服南越后，箜篌由南亚传入中国。西汉时，箜篌就与钟、磬等中国传统乐器齐名，东汉乐师还专门创作乐曲《箜篌引》。到了隋唐，箜篌已经成为传统燕乐调中常用的弦乐器。

东汉以后，随着丝绸之路的拓展和北方少数民族的内迁，胡乐进一步在中原流传开来。流传最广的是胡笳曲。胡笳是一种木制的吹奏乐器，两端弯曲，上有孔，最迟在西汉时已传入中原，流行于东汉末和魏晋。东汉时还有《胡笳调》《胡笳录》各一卷，专门编集胡笳曲。不少文学作品中也有对胡笳的描述，最有名的当数蔡文姬创作的《胡笳十八拍》。相传晋将刘琨还曾以胡笳破敌解围。《晋书·刘琨传》中记载：刘琨据守晋阳，"尝为胡骑所围数重，城中窘迫无计……中夜奏胡笳，贼流涕歔欷，有怀土之切，向晓复吹之，贼并弃围而走"。

琵琶也是汉代传入并流行的西域乐器。琵琶起源于美索不达米亚地区，汉代称"批把""枇杷"，晋以后改"琵琶"。《释名·释乐器》记载："批把，本出胡中，马上所鼓也。推手前曰批，引手却曰把，象其鼓时，因以为名也。"魏晋时期，又有四弦曲项琵琶传入我国，这种琵琶直接来自龟兹，所以又称龟兹琵琶。北周以后，龟兹琵琶在中国大盛。北周后期，龟兹乐工苏祗婆随突厥皇后来到中原，将西域"五旦""七调"等音乐理论传入中土，改变了华夏五音阶的传统。苏祗婆琵琶技艺高超，且精通音律，很多中原人向他学习琵琶技法，致使琵琶大流行。到了唐代，五弦琵琶是当时流行的乐器。

  魏晋南北朝时，西域与中原地区往来更加频繁，西北少数民族内迁规模更大，人员的流动极大地推动了胡乐的传入。西晋灭亡后，华夏衣冠南迁，"中原正音"渐成绝响，黄河流域的胡乐呈现空前繁荣的局面，出现了各民族音乐的大交流时代。前凉张重华执政时，天竺乐传入凉州。前秦时，苻坚命大将吕光征服西域，从龟兹带回大批乐舞伎和琵琶、筚篥、羯鼓等乐器，吕光建立后凉国后，将龟兹乐和中原音乐融合，形成一种新型音乐，称为"秦汉伎"，后来北魏灭后凉，将此音乐改称"西凉乐"。北魏灭北燕后，得到高丽乐，同时传入百济乐，后又引进安国乐。北齐时，龟兹乐风靡一时。北齐后主高纬"自弹胡琵琶唱之，和者百数人，谓之无愁天子"。北周武帝时，娶西突厥公主为后，突厥征集西域各国乐舞艺人随之东来，疏勒、康国等国的音乐传入中原。北方的胡乐还随着汉人的南迁传到了南方，陈后主曾专门派遣宫女到北方学习箫鼓。

  隋唐时胡乐成分更多，用于宴会、庆典的音乐，胡乐占了大半；甚至国家大典、庙祭的雅乐，也杂以胡戎之伎。隋朝开皇年间，朝廷开始从各地广泛收集音乐，制定了七部乐，即国伎（又称西凉乐）、清商伎、高丽伎、天竺伎、安国伎、龟兹伎、文康伎（又称礼毕乐）。隋炀帝大业年间，在七部乐的基础上增加了康国乐和疏勒乐，形成了九部乐。其中，除了清商乐和礼毕乐是中国本土音乐，其余七部都是十六国和南北朝时传自域外的胡乐。唐太宗时得高昌乐，形成了十部乐。胡乐与中原固有音乐相融合，唐朝时彼此的区别逐渐泯灭，因此唐玄宗时期取消了十部乐的名称，以"坐部伎"和"立部伎"代之，这标志着胡族音乐已经融入华乐之中。唐朝胡乐的流行可以从唐诗中看出，如元稹在《乐府·法曲》中说："女为胡妇学胡妆，伎进胡音务胡乐。……胡音胡骑与胡妆，五十年来竞纷泊。"王建在《凉州行》中说："城头山鸡鸣角角，洛阳家家学胡乐。"

与胡乐的兴盛相对应，胡舞在中国的发展也蔚为大观。胡舞在西汉时已传入中原，魏晋南北朝开始流行。胡舞到唐朝时达到鼎盛，社会各阶层的舞蹈活动十分普遍，当时的长安和洛阳，胡姬云集，胡舞、胡乐成为时尚。最流行的舞蹈有胡旋舞、胡腾舞、柘枝舞等，尤其是胡旋舞别具魅力。诗人白居易曾作诗记录胡旋舞跳动时精彩生动的场面："胡旋女，胡旋女，心应弦，手应鼓。弦鼓一声双袖举，回雪飘飘转蓬舞，左旋右转不知疲，千匝万周无已时。人间物类无可比，奔车轮缓旋风迟。"《霓裳羽衣曲》是当时著名宫廷乐舞。此曲本是通过丝绸之路传来的婆罗门曲，开元初年，被河西节度使杨敬忠献给唐玄宗，精通音律的唐玄宗对其进行了改编。胡乐和胡舞等胡族文化，对唐代的社会风尚产生了巨大影响，后人评价唐人"大有胡气"。

唐后期到北宋，回纥、契丹、党项、吐蕃、女真等少数民族迁入中原，胡乐再度对中原音乐产生影响。宋人曾敏行说："先君尝言宣和间客居京师时，街巷鄙人多歌蕃曲，名曰异国朝、四国朝、六国朝、蛮牌序、蓬莱花等，其言至俚，一时士大夫亦皆歌之。"金、元入主中原，黄河流域更是一片"胡声"。元人还根据北方流行的带有浓重胡乐色彩的曲调创造了一种新的乐曲——北曲。这一时期，蒙古族的舞蹈也从北方草原传入中原，如"倒喇"。这是一种融合了歌舞、器乐、杂技等多种艺术形式的表演，明、清两代依然在中原流传。倒喇的一大特色就是顶瓯灯起舞，清人陆次云的《满庭芳》词描绘了一场优美动人的倒喇表演："左抱琵琶，右持琥珀，胡琴中倚秦筝，冰弦忽奏，玉指一时鸣……舞人矜舞态，双瓯分顶，顶上燃灯，更口噙湘竹，击节堪听。旋复回风滚雪，摇绛烛，故使人惊。哀艳极色飞心诚，四座不胜情。"这一舞蹈近似现在内蒙古鄂尔多斯民间流传的《灯舞》《盅碗舞》。

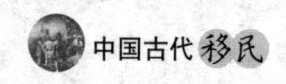

第六章 几多海外飘零客——中国人口的海外迁移和中国文化的传播

中国人口的海外迁移有着悠久的历史，最早可以追溯到商周时期。在从商周到近代3000多年的历史长河中，中国的人口由于种种原因迁居到今天的东亚、东南亚、中亚、西亚以及美洲等地。伴随这些海外移民的活动，中国传统文化也在世界各地传播开来，不仅促进了海外诸国与中国的经济贸易往来，也促进了文化的交流与互动。由于近代以前移居海外的中国人主要分布在东亚、东南亚和美洲，因此本章仅讲述这几个区域内中国移民的情况。

第一节 蓬莱瀛洲杳如萍——古代中国向日本的移民

日本古称"东瀛""扶桑""大和"等，与中国是一衣带水的邻邦。中日两国之间的文化交流源远流长，其中少不了移民的贡献。据研究，中国向日本地区的移民从先秦时期就开始了。春秋战国时期，受战争影响，不少吴越人乘船东渡到日本九州。而到了秦汉时期，汉人移民日本迎来大发展，其中最著名的移民运动要数"徐福东渡"。

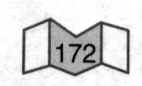

一、求药一去无影踪——徐福东渡

公元前221年，秦始皇完成了统一天下的伟业。传说秦始皇为了长生不死，永享富贵，开始到处求仙问药。公元前219年，秦始皇东巡到山东沿海的琅玡（今诸城东南），齐人徐福（也称徐市）上疏秦始皇，声称海中有三座神山，分别叫蓬莱、方丈、瀛洲，神山之上均有仙人居住，并有"不死之药"，服后可以长生。秦始皇听后大喜过望，立刻派徐福征发童男童女数千人入海求药。几年过去，花去了许多费用，并没有得到神药。徐福等人害怕受到责备，便编造谎言，说已到达仙山，见到神人，但是神人嫌进献的礼品太薄，不肯赏给仙药。秦始皇信以为真，又派徐福率童男童女3000人，带领杂技百工连同各种谷物、财宝，重新入海求药。没想到徐福这次东渡，一去无影踪。

徐福东渡到了哪里？有人说那时航海技术落后，碰到大风浪，徐福一行连船带人都被吞没。有人认为他们到了琉球群岛，也有人说他们到了美洲，但大多数人认为他们到了日本。

最初提出徐福东渡到日本的是五代后周和尚义楚。他在《释氏六帖》中说道："日本国，在东海中。秦时，徐福将五百童男、五百童女止此国，今人物一如长安……又东北千余里，有山名'富士'亦名'蓬莱'……徐福至此，谓蓬莱，至今子孙皆曰秦氏。"此后不断有人支持这一观点。近代以来，我国著名史学家范文澜、翦伯赞、顾颉刚等都在其著作中肯定了这个说法。

根据中日各种历史典籍记载以及目前的研究，已经明确徐福一行最后的落脚点是日本。

徐福东渡日本是真实的历史，那么其迁出的地点在哪里？学术界对此也众说纷纭，主要有如下几种观点：河北秦皇岛和黄骅附近说，山东登州湾（龙口黄县）和胶南琅琊说，江苏海州（今江苏省连云港市赣榆区一带）说，浙江省慈溪和舟山说等。

不少史学家认为，胶南琅琊是最有可能的迁出地。琅琊是战国早期越国的首都，是其政治、经济、文化中心。越国灭亡后，琅琊成为齐国的重要经济文化区域。秦统一六国后，琅琊是秦帝国最大、最有名的港口，而且水深港阔，非常适合大型船只起航。此外，琅琊港附近的山上盛产优质木材，具备打造楼船的条件。由于琅琊港的经济条件和自然状况都很优越，因此徐福很有可能从这里东渡出海。史学家推算他的航行路线大致是：从琅琊港出发后，沿辽东南部和朝鲜西部的海岸线前行，穿过对马海峡，到达日本北九州和歌山等地。

徐福等人到达日本后，对日本的农业产生了巨大的影响。当时的日本正处于绳纹文化（渔猎文化）向弥生文化（农耕文化）过渡的时期，刀耕火种，还没有使用青铜器、铁器。徐福一行不仅带来了稻谷和农具，还将水稻种植、耕作、捕鱼、养蚕、纺织等技术传入日本，使当地的农耕文化得到迅速发展，奠定了以后日本农业发展的基础。后世认为徐福促进了日本弥生时代的到来，日本人将徐福尊为"农神"。

徐福对日本的贡献还表现在促进了日本医疗技术的发展。徐福本人是方士出身，擅长医药。他东渡时带去了不少珍贵药材和医士，并广泛传播中医知识，推动了古代日本医学的进步，被人们誉为"医药之神"。直到今天，日本仍有一些医生采用中国传统医术治疗疾病。

徐福还将中国的古籍传入日本。中国北宋时期文学家欧阳修《日本刀歌》和日本江户时代林罗山所著的《罗山文集》等古书中，有诸如"逸书百篇今尚存""蝌蚪篆籀韦漆竹牒，时人知之鲜矣"等记载，说明徐福曾将大量中国古籍传播到日本。

总之，徐福东渡日本，客观上促进了日本社会的进步和发展，开创了中日两国友好交往的先河。

二、唐风洋溢奈良城——鉴真东渡

隋唐时期，中国的政治、经济空前繁荣，尤其是唐朝前期，国家强盛，百姓安居，因此移居日本的热潮逐渐消退，不再有主动的大规模迁徙，只有一些零星的移民。

这一时期，迁居日本的汉人大多是得道高僧或者文化学者，他们受到日本邀请或被唐朝派遣来到日本，由于航海的艰险和当地人民的盛情挽留，在日本居住下来，成为实质上的移民。

唐朝东渡日本的移民以鉴真和尚为典范。鉴真，俗姓淳于，扬州江阳县（今江苏省扬州市东北）人，唐玄宗时期著名的律宗高僧。开元年间，佛教已经传入日本并发展兴盛，但是没有形成完备的戒律制度，也没有通晓戒律的传法之人，因此日本派遣僧人到唐朝学习佛法，同时寻访聘请高僧到日本传授戒律。天宝元年（742年），日僧荣睿、普照来到鉴真所在的扬州大明寺，邀请他去日本弘法。鉴真当时已经55岁，为了弘扬佛法，传播唐朝文化，他欣然接受了邀请，决定东渡日本。

鉴真东渡是一次艰难而悲壮的移民。从天宝二年（743年）到天宝十二载（753年），他先后六次进行东渡，前五次均因各种原因而失败，直到第六次才获得成功。鉴真东渡的具体情形如下。

第一次东渡：天宝二年（743年）四月，鉴真、荣睿等21人积极准备了东渡的船只和粮食，打算从扬州出海，这时鉴真的弟子如海和道航发生纠纷，如海向官府诬告道航勾结海盗。当时浙江沿海一带正好有海寇抢掠，官府听到消息后，当即将众僧逮捕，并查封船只和物资。后查明是诬告，释放了全部僧人，但船只却被没收充公。鉴真初次东渡因此告吹。

第二次东渡：天宝二年八月，荣睿、普照被释放，他们再次来到大明寺，邀请鉴真东渡传法。鉴真被两人的精神感动，于是购买船只，招募船员和工匠，采办佛像、佛具、经书、药品、香料等，准备再次渡海。十二月，鉴真一行120多人从扬州起航。当船行驶到狼沟浦（今江苏省南通市狼山江面）时，遭遇狂风恶浪，船只受损，不得不返航修理。鉴真第二次东渡宣告夭折。

第三次东渡：第二次东渡失败后一个月，鉴真等人修好了船只，再次出发。他们驶近乘名山（又称桑石山，即今舟山岛北面的大衢山）时，又一次遇到暴风雨，船触礁沉没，鉴真一行爬到岸上，三天后被渔民所救。明州太守得知后，将他们安置在鄞县（今浙江省宁波市）的阿育王寺中。鉴真第三次东渡归于失败。

第四次东渡：鉴真在阿育王寺住下来之后，附近寺院的僧人纷纷前来请他讲宣律学。鉴真一面带领弟子们讲学，一面暗中筹集经费，准备再次东渡。由于江浙一带不便出海，他计划辗转到福州，从那里登舟远航。没想到他的弟子灵佑等人担忧师父的安危，告到扬州官府，结果鉴真一行在半路被拦截，全部被送回扬州大明寺。鉴真第四次东渡也未能成行。

第五次东渡：天宝七载（748年）春，荣睿、普照又绕道来扬州，拜见居住在崇福寺的鉴真，问他是否还有东渡的打算。鉴真坚持初衷，于是三人马上开始筹办船只和物品。六月，鉴真及其弟子、水手等35人从崇福寺出发，到扬州新河上船起航。船行驶到狼山，遭遇大风，他们辗转来到定海的小洋山。鉴真等人在这里停留了一个月,再次起航,行进到舟山附近。然后他们又等待了一段时间,趁着顺风向普陀山出发。在海上漂流了半月,竟然航行到海南岛最南端的崖县(今海南省三亚市)。他们在当地逗留了一年,随之渡海北返,途中,鉴真的弟子祥彦和日僧荣睿相继去世,鉴真也因病双目失明。第五次东渡无果而终。

第六次东渡:天宝十载(751年)春,鉴真一行回到扬州。两年后,遣唐使藤原清河等人再次到扬州拜访鉴真,探询赴日传教之意。此时鉴真已66岁的高龄,但他笃志不移,答应再次渡海。十月,鉴真及弟子24人登船启程,到黄泗浦(今江苏省常熟市黄泗)与日本遣唐使船队会合。十一月,鉴真一行随遣唐使船队出发远航。经过40天的海上颠簸,鉴真最终到达日本九州的太宰府(今日本福冈)。天宝十三载(754年)二月,鉴真到达难波港(今日本大阪)。不久,抵达日本奈良。

鉴真到了日本后,在当地生活了10年。在这期间,他孜孜不倦地,弘扬佛法,校正佛经,成为日本佛教律宗的开山祖师,日本人称他为"日本律宗太祖"。他主持兴建的唐招提寺,仿照中国的寺庙格局建成,采用了当时唐朝最先进的建筑方法与工艺,是日本佛教的最高学府。鉴真随船带到日本的还有绣像、画像、书帖等,其中包括王羲之父子的真迹,对日本书法艺术的发展产生了深刻影响。在医药学领域,鉴真积极传授中国传统医学知识,并留下《鉴上人秘方》一卷,促进了日本奈良时代医疗水平的提高。至今,日本出售的中草药袋上还印有鉴真的头像。

763年,为弘扬佛法奋斗了一生的鉴真,在唐招提寺圆寂。为了表示对他的怀念和崇敬,16年后,日本文学家淡海三船写下了《唐大和上东征传》,对鉴真的事迹进行了宣传。日本学者和百姓也对鉴真给予了

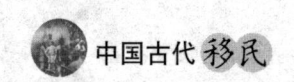

高度评价，赞颂他为"天平之甍"，意思是他的成就极高，代表了日本天平时代文化的高峰。鉴真的一生可用郭沫若先生的诗句来概括："鉴真盲目航东海，一片精诚照太清；舍己为人传道艺，唐风洋溢奈良城。"

第二节　海上马车夫——闯南洋的闽粤人

南洋是中国古代对东南亚一带的称呼，包括今天的老挝、柬埔寨、缅甸、泰国、越南、新加坡、马来西亚、菲律宾、文莱、印度尼西亚等国家。唐宋以来，一直到清末，南洋一直是中国海外移民的主要迁居地和华人分布最多的地区。南洋的中国移民主要来自沿海地区的广东、福建两省，他们远渡重洋，在异国他乡打拼创业，为当地建设和发展作出了重要贡献，成为中国与东南亚地区经济文化交流活动的重要纽带。

一、乘风破浪到南洋——季风吹出过番客

中国人下南洋的历史十分久远，据文献记载，汉朝时就有汉人移居南洋。汉武帝时打通了中国到南洋和印度洋的航路，随着海上贸易的展开，一些汉人到东南亚、南亚地区经商，有的商人就留居在当地。《后汉书·东夷列传》记载："会稽东冶县（今福州）人有入海行遭风，流移至澶州者。"有人认为澶州即菲律宾。公元1世纪左右，王莽篡位，一大批汉儒学者为了避难而迁徙到越南（时称交趾）。

从唐朝开始，移居东南亚的人渐渐增多。唐朝国力强盛，海外贸易发达，开辟了"广州通海夷道"，并设立广州、泉州市舶司，中国与东南亚地区的经济文化交流日益频繁，大量中国人移居国外，当地的居民称他们为"唐人"。"唐威令行于东南，故蛮夷呼中国为唐。"从

此，汉民族海外移民被称为"唐人"，唐人在海外的集聚地称为"唐人街"，中国则被称为"唐山"。这时的移民主要是商人，如清代蔡永蒹所著《西山杂志》中记载了唐代晋江人赴东南亚贸易和定居之事："唐开元八年（720年）……（东石人）林銮试舟至渤泥（在今加里曼丹岛北部文莱一带），往来有利，沿海畲家人俱从之去，引来番丹。蛮人喜彩绣，武陵多女红，故以香料易彩衣。晋海商人竞相率航海。"移民中也有一些佛教僧侣。公元7世纪，有室利佛逝国出现，其统治中心位于苏门答腊岛东南部，不仅是繁荣的商港，还是研究佛学的中心。唐朝名僧往往在此停留，翻译佛经，学习佛法。如义净就曾在室利佛逝先后住了十二三年。高僧运期精通古爪哇语，曾居于爪哇和室利佛逝，终老于印度尼西亚。唐朝后期动荡不安，黄巢起义时，福建、广东沿海一带有大批人为了避难，沿着"通海夷道"迁居苏门答腊。10世纪，阿拉伯旅行家马素提游历到此，还看到当地有许多中国人在岛上耕种，"而尤以巴邻旁（室利佛逝）为多"。唐末战乱，福建沿海人民流寓苏门答腊从事农耕的也有很多。

五代后唐时，一艘来自中国的大沙船在爪哇三宝垄附近沉没，船上的人漂流到爪哇的岸边，船主向当地的直葛王献上宝物，直葛王允许他们住下来，并给予优厚待遇，后来这批人就在当地定居。一些专家认为他们是最早定居爪哇的中国人。

到了宋朝，北宋北部边境的不靖与南宋的被迫南渡，使中外交往贸易只能依靠海路，因此东南沿海的民间海外贸易日益兴盛。宋代经济重心南移后，因战乱兵祸或谋生等原因，北方人民大量南下，闽、粤迅速得到开发，导致东南沿海出现地狭人稠的状况。在此背景下，东南沿海一带从事海上贸易者及出国谋生者急剧增长。当时，受造船和航海技术的限制，移民出海全靠帆船，而帆船航行全靠季风，每年八九月东北季风起，人们就借着东北季风出海下南洋，之后等到来年的四五月西南季风起，再起航返回国内。南宋泉州太守王十朋曾作诗描述道："北风航海南风回，远物来输商贾乐。"去国还乡均要凭借季风，如果错过了季风便无法归国，许多人常年在海外滞留，有的甚至十年不归，这种情形，朱彧在《萍洲可谈》中称之为"住蕃"。有不少人因受雇或仕禄而留居南洋。泉州海商王元懋，"尝随海舶诣占城国（在今越南中南部），国王嘉其兼通蕃汉书。延为馆客，仍嫁以女，留十年而归，所蓄奁具百万缗"。此外，也有因出海贸易遭海难而滞留南洋者。《夷坚志》提到：泉州僧本偁言，其表兄为海商，欲往三佛齐（在今苏门答腊岛），在途中触礁，漂到一海岛，与当地妇女成婚生三子，在岛上滞留七八年后，才搭过路船回到泉州。

宋元鼎革之际，有相当一部分人远遁南洋。如南宋灭亡后，诸文武大臣"以海船三十艘装载财物及浮子""流寓海外，或仕占城，或婿交趾"。宋代舰船规模较大，少则载百多人，多则载五六百，从乘坐数量来看，当时移居海外的南宋遗民可能有近万人。元代远征爪哇，也留下了不少人员。元世祖至元二十九年（1292年），元朝发兵2万南征爪哇，由于遭到当地土著的顽强反抗，元军大败而归，死伤病卒3000人，有不少伤病士兵留居当地，同当地土著杂居，"后益蕃衍，故其地多华人"。

元朝时海外贸易和航海业空前繁盛，出洋的中国人比比皆是。渤泥、北婆罗州（今马来西亚沙巴州）、苏门答腊、暹罗（今泰国）等地都有中国人居住，中国商人有远至真腊（今柬埔寨）者。在马来半岛的龙牙门（新加坡），"男女兼中国人居之，多椎髻穿短布衫，系青布捎"。在真腊，华商常与当地人通婚。元人周达观的《真腊风土记》中记载，真腊"国人交易，皆妇人为之，所以唐人到彼，必先纳一妇人者，兼亦利其买卖故也"。汉人移民定居当地已不全是为了贸易，有的只是为了寻求较好的生活环境。"唐人之为水手者，利其国中不着衣裳，且米粮易求，妇女易得，屋室易办，器用易足，买卖易为，往往皆逃逸于彼"。该国还出现了专门针对华人的法律："番人杀唐人者，罪死；唐人杀番人，则罚金，无金则鬻身赎罪。"可见华人在当地地位较高。在渤泥，华人也有较高的社会威望，当地人"敬爱唐人，醉也则扶之以归歇处"。

以上是早期中国人移民南洋的情况，移民的规模尚小，总数估计有数万人，他们在当时贫瘠的东南亚土地上开拓，成为东南亚各国经济开发的"拓荒者"，为当地经济、政治、文化的发展注入了新鲜血液。很多人还在过番的过程中，改变了自己与家族的命运，有些人甚至通过努力富甲一方。

二、突破封锁线——海禁政策下的移民

明清时期，海洋贸易政策发生了较大调整，总体来说较为保守。两朝统治者基本实行"海禁"政策，严厉禁止国内人口外迁。虽然官方明令不得出海，但在当时中国国内人口剧增造成的人口压力的推动下，还是有大量的中国人冒险犯禁，奔赴海外，形成了初具规模的海外移民。

明太祖朱元璋即位之初，鉴于海外贸易蕴含的巨大利益，也曾一度实行开海，不仅增设市舶司，还多次遣使到南洋各地招徕诸国进行贸易。但到后来，随着倭患滋生，为了防止沿海的叛民、海盗与倭寇勾结，威胁明朝的统治，朱元璋先后罢黜各个市舶司，并颁布禁海法令，禁止中国人赴海外经商，也限制外国商人来华贸易。明成祖朱棣

时期，社会已逐步稳定，经济也日趋繁荣，于是稍微调整了政策，鼓励官方主导的朝贡贸易。为了主动发展与周边国家的邦交，宣扬国威，永乐帝先后多次派遣官员出使海外，最著名的就是郑和下西洋。

从永乐三年（1405年）开始，一直到宣德八年（1433年），郑和先后7次出使西洋，航程10万余里，访问了30多个国家和地区，带去了先进的生产技术和文化，极大地弘扬了明朝的声望。郑和每次出海，船队人数少至27000多人，多至30000人，随船水手、士兵大多来自福建泉州、厦门等地，其中不少人在船队到达爪哇的巴达维亚（今雅加达）、旧港，以及文莱、马六甲等地后，留居当地。郑和下西洋打开了中国对外贸易的大门，东南沿海的广东、福建、海南等地出现了大量去往南洋的移民，"闽广之民，造舟涉海，趋之若鹜，或竟有买田娶妇，留而不归者"。随着明朝声威远扬，中国人在南洋的地位也陡然提高。郑和的历史功绩使他在东南亚备受崇拜，当地的华人甚至将他奉为神明，形成了令人惊叹的"三宝崇拜"。直至今天，爪哇岛上还有三宝垄、三宝洞、三宝井等遗迹。

郑和下西洋后，下洋潮一度达到鼎盛，但此时的移民仍处于海禁之下。明廷实施海禁的初衷是肃清海疆，不料不仅没能达到目的，反而激化了官民矛盾，造成海盗丛生、走私猖獗。"海者，闽人之田。海滨民众，生理无路，兼以饥馑荐臻，穷民往往入海从盗，啸集亡命。海禁一严，无所得食，则转掠海滨"。在这种情况下，明朝政府不得不再度调整海贸政策。

隆庆帝元年（1567年），明廷宣布解除海禁，"准贩东、西二洋"。隆庆开海标志着海外私人贸易取得合法性，受此影响，东南沿海的百姓相继赴南洋经商或谋生。随着中国移民的到来，在东南亚各口岸形成了华侨聚居的居民点或村落,在菲律宾的马尼拉、印度尼西亚的巴达维亚、马来西亚的吉兰丹、泰国的北大年、越南的顺化和会安等地,都已形成了华侨聚居区。隆庆开海促成了东南亚华侨社会的形成,在华侨史上有着里程碑式的意义。当时菲律宾是华人分布最集中的地区,"闽粤人以其地近且饶富,商贩者至数万人,往往久居不返,至长子孙"。到万历三十一年(1603年),在菲律宾的华侨已超过2.5万人。在爪哇,"中国商旅亦往来不绝,其国有新村,最号饶富,中华及诸蕃商舶辐辏其地,宝货填溢,其村主即广东人",新村原名厮村,因"中华人客此成聚,遂名新村,约千余家"。这时移居东南亚的华人不但数量多,经济实力也很强大,很多人成为当地政治、经济领域具有重要影响力的人物。

1644年,清军入关,明清易代。清朝虽然入主中原,但并没有实现对全国稳定的统治,抗清势力此起彼伏,长期依靠海上力量与清朝周旋。为了防止沿海百姓与反清势力发生联系,清政府沿袭明制,实行海禁,"无许片帆入海",不久又实行"迁界令",导致民间海外贸易和移民南洋陷入萧条。康熙二十二年(1683年),施琅收复台湾,抗清势力消亡,剩余部卒多逃往南洋避祸,其中福建人多聚居在越南。为了表示不忘先朝,这些明朝遗民把自己集中居住的村社称为"明乡社"。其后,为安抚沿海民心,清政府宣布开放海禁。深受海禁之苦的沿海人民纷纷出国谋生,每年造船出海贸易者多至千余,回来者不过十之五六,不少人留居南洋。加上西方殖民势力在南海海域的发展,为了防范出海汉人与西洋人"交结",危及清朝统治,康熙五十六年(1717年),清政府再次实行"南洋禁航令",禁止商民到南洋长期谋生或久居南洋谋求发展。雍正五年(1727年)又开南洋之禁,但对百姓出海加以种种限制,严格控制和查验出洋船只、人员和商品,限定商船回港时间,逾期不归者,

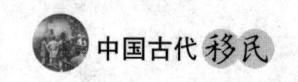

不许再回国。这种状况一直持续到鸦片战争前夕。

　　清朝统治者设置的出洋壁垒，并没有遏制沿海人民下南洋的热潮，越到后来，隐蔽的下南洋情况就越严重。清朝中后期，东南沿海人口激增，人多地少的矛盾更加突出，加上土地兼并严重，自然灾害频繁，大量百姓移居人口稀少、土地肥沃的东南亚以寻找生路。欧洲殖民者的东来及其对东南亚地区的殖民开发也是吸引中国人移居南洋的重要原因。地理大发现之后，葡萄牙、西班牙、荷兰等欧洲国家先后走上海外殖民的道路。16世纪开始，殖民者纷纷将魔爪伸向东南亚地区，到19世纪末，除暹罗外，整个南洋地区都沦为西方的殖民地。殖民者对东南亚地区进行疯狂的经济掠夺，急需大量劳动力从事开发工作。对劳动力的巨大需求，使他们把目光瞄准了华侨。为吸引华工，南洋诸国先后推出一系列的优惠政策，如免费分给移民土地，提供临时住屋安置移民，并建立警察局保护华人安全等。这些政策吸引了大量中国沿海的流离失所、丧失土地的流民，很多人漂洋过海来到南洋。据不完全统计，到鸦片战争爆发前，整个东南亚地区的汉族移民总数已达150万人左右，主要分布在印度尼西亚、菲律宾、马来西亚、新加坡、泰国等。此时的华人主要来自闽南、潮汕，也有云南、广西、浙江等籍。从职业上看，这时的移民从事种植业的最多，约占40%；其次是商贩，约占33%；最后是矿工，约占20%。

　　大量华人移居东南亚，带去了先进的生产工具和技术，促进了当地的经济开发。如华人带去了铁犁、铁锄等农耕工具和采矿、制糖等工具，并传入培植胡椒的方法、制造瓷器等技术，加速了当地农业、商业的发展。华人与东南亚各民族和睦相处，交流文化，互动通婚，逐渐融入东南亚各民族之中，形成了土生华人这一混血族群。土生华人传承了汉民族的生活方式和传统文化,也保留了东南亚的风俗习惯和文化基因,加强了中国与东南亚地区之间的联系。

第三节 亮丽的风景线——文化朋友圈的出现

中国文化在海外的传播表现为两种状态,一种是被土著文化融合,另一种是完整地保留原样。在与中国山水相连、长期受中国影响的东亚地区,汉文化的元素融入当地文化的基因,形成了以中国文化为中心的圈层——东亚文化圈。而在欧美,由于文化背景、政治历史不同,中国文化长期处于一种孤立、封闭的状态,形成了悬浮在当地文化环境中的异质文化岛——唐人街。这两种文化现象都是文化长廊中亮丽的风景线。

一、惠播四邻——东亚文化圈的形成

东亚文化圈是指以中国文化为核心,包括日本、朝鲜、韩国和越南在内的文化圈。近代以前,中国的文化发展水平长期处于世界领先地位,对周边地区产生了强大的辐射力,特别是日本、朝鲜、韩国和越南,与中国比邻而居,有着良好的"地缘"关系,加上政治、历史、移民等因素,与中国有着频繁而广泛、深入而持久的文化交流。三者积极吸收汉文化,并有所创新,促进了东亚文化圈的形成。由于东亚文化圈以汉字、儒学为文化的主要载体,所以又称为"汉字文化圈""儒学文化圈"。

(一)汉文化对日本的影响

汉文化对日本的影响是多方面的,日本创制文字、提倡儒学都受

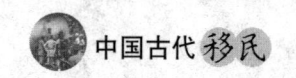

到汉民族影响。

日本古代没有文字。随着大量中国移民迁居日本和中日两国之间的交流增多，汉字在日本得到了广泛传播。汉字传入日本的时间已无从确考，日本学界普遍认为王仁东渡日本是汉字传入日本之始。日本古籍《古事纪》记载，应神天皇十六年（405年），百济学者王仁携《论语》及其他儒学典籍赴日，日本始用汉字。日本现存较早的史书《日本书纪》《续日本书纪》《日本后纪》《续日本后纪》等，也都是用汉字书写。平安时代，日本形成了用于训读汉字的字母片假名和平假名，这两种符号分别由汉字的正体和草体演化而来。明治维新（1868年）以后，日本逐渐把汉字作为音标，并且加入自创文字。日本的自造字是采用中国汉字的"六书"原则创造的。20世纪初，日本文字中开始舍弃汉字，但是仍保留了大量汉字。

儒学传入日本，是从王仁赴日开始的。王仁在宫廷里开办学问所，教授儒学，除皇太子外，皇族和宫廷贵族子弟也到此求学。6世纪以后，日本人开始系统地学习儒家典籍及其思想。7世纪初，圣德太子摄政，进行政治改革，仿效隋制，制定了"冠位十二阶"，用帽子和衣服的颜色区分官员的等级。十二阶分别以儒家德、仁、礼、信、义、智六个德目命名，包括大德、小德、大仁、小仁、大礼、小礼、大信、小信、大义、小义、大智、小智。其后，圣德太子又颁布"宪法十七条"，核心是"以和为贵""君尊臣轻"。7世纪中期，日本实行大化革新，全面模仿唐代的政治制度，儒家的"德治""仁政"等思想成为日本的政治理念，从此儒学成为日本古代思想的正统，日本也由奴隶制社会过渡到封建社会。8世纪初，日本封建政府制定和颁布《学令》，规定在大学或国学推行经书教育，以《论语》《孝经》为必修课，以

《礼记》《春秋左氏传》为大经,《毛诗》《周礼》《仪礼》为中经,《周易》《尚书》为小经,供士人选修。

12世纪末,以汉唐训诂为内容的早期儒学走向衰落,取而代之的程朱理学开始兴起。南宋德佑二年(1276年),中国理学家李用东渡日本,讲授中国诗书,以儒学教授日本弟子,日本人多被其教化,尊称他为夫子。李用的东渡为德川时代理学在日本的大盛打下了基础。江户时代,朱子学成为日本的"官学",纳入学校教育,并出现了专门研究朱子学的儒家学派。17世纪中期以后,日本出现阳明学。明末清初,明朝大儒朱舜水流亡日本。他在长崎、江户授徒讲学,传播儒家经义,受到日本学者的礼遇和尊敬,他所倡导的实学实理的学风,渗透到日本国民的意识之中,间接推动了日本明治维新运动的进行,被尊称为"日本的孔夫子"。

(二)汉文化在朝鲜半岛的传播

中国与朝鲜半岛在殷周之际就有文化上的交流,秦汉以后,中国与朝鲜半岛的关系更加密切,对朝鲜半岛文化的发展影响很深。

中国文化对朝鲜半岛影响最大的是儒学和佛教。唐高宗永隆元年(680年),新罗第一次完成朝鲜半岛的统一。在此之前,新罗就受到中国文化的影响。统一朝鲜半岛后,新罗更加全面、主动地学习汉文化。在教育领域,改国学为太学监,设置各科博士,以《论语》《孝经》《礼记》等儒家经典为必修科目,甚至将儒学定为"国学"。治国思想上亦多沿循儒家的忠、孝观念,以"德"治国,并且逐渐形成了以忠、孝、信、义为核心的民族精神。788年,新罗又仿照隋唐科举,开始实施"读书三品科"制度,通过朝廷考试来选拔官员,"博通五经、三史、诸子百家书者,超擢用之"。到了高丽王朝,文教亦模仿唐制，中央设国子监，地方设乡校，全国实行科举制度。高丽恭愍王时，孔子第54代孙孔昭，带妻室到朝鲜半岛，建阙里祠，奉孔子像，首开后世朝鲜半岛祀孔的风气。高丽忠宣王时，朱子之学被带到朝鲜半岛，开始了宋明理学在朝鲜半岛的传播。李朝时代，儒学之风尤盛，程朱理学受到普遍尊敬，涌现大批著述丰富的名儒，如金宗直、李滉、徐敬德等。其中李滉成就尤大，被誉为李朝"儒宗"。这一时期，朝鲜半岛的书院教育开始形成，出现了最早的书院绍修书院。

佛教方面，中国创立的佛教各宗如禅宗、律宗、净土宗等，均在朝鲜半岛广泛传播。佛教在朝鲜半岛的流传与中国移民尤其是僧尼移民的努力密切相关。佛教传入朝鲜半岛后，受到统治者的大力推崇。高丽太祖王建尤好佛法，曾一度定佛教为国教。高丽王朝灭亡后，李朝太祖亦好佛法，佛教因此盛极一时。朝鲜半岛寺庙林立，广法寺、宝贤寺、普贤寺都是佛教名刹。

此外，朝鲜半岛的文字风俗也受中国文化的强烈影响。自古朝鲜至李氏朝鲜的2000多年里，汉字一直是朝鲜半岛的通用文字。直到1443年，李朝王室集贤殿才以中国汉字为基础，创立了拼音文字，但当时的统治者依然使用汉字。

（三）汉文化在越南文化中的印记

越南虽然在地理位置上归属东南亚，但在文化上却属于东亚文化圈。中国文化对越南的影响是多方面的。

越南本身没有文字，在19世纪末成为法属殖民地以前，汉字是越南全国通用的文字，官方文告、史书、医书等都是以汉字写作。因此，汉字成为越南历史文化的主要载体。越南开始创造文字是在13世纪初，当地文人采用汉字的方块结构和造字方法，创造了一种象形文字——字喃，居于正统地位的还是汉字。17世纪以后，西方传教士进入越南，创制了一种拉丁化的越语拼音文字。1885年，法国殖民者占领越南，强制将这种拉丁化的新文字定为越南的"国语字"；1917年，又废除汉字。但是汉字对越南的影响并没有完全消失，在越语中存在大量汉语借词。据统计，越语中有60%左右的词汇来自汉语。

古代越南的典章制度也模仿中国，科举制度被越南封建统治者全盘照搬。五代十国以前，越南是中原王朝的直属领土，在唐代，越南与内地一样，每年派出生员参加朝廷举行的科举考试，很多人以通经和善诗而入仕中央和各级地方政府。越南独立以后大力推行科举制度，考试内容以经义、诗赋为主，录取士人以三甲分高下，前三魁为状元、榜眼、探花，乡试、会试、殿试三级考试制度也被传入越南。直到1917年，科举制度才被废除。

中国文化对古代越南影响最大的是儒家思想。在越南隶属中国管辖的1000多年间，来自中原地区的移民文人和官员通过兴办学校、聚徒讲学等方式，积极传播儒家文化。在教育方面，越南以"四书五经"为主要教材，考试内容以儒家经典为主，极大地推动了儒家学说在越南的传播。在社会政治领域，古代越南的历代君臣，大多倡导儒家的仁政思想。在社会伦理上，越南也受到儒家纲常名教的影响和熏陶，礼、义、忠、信、孝、悌等伦理思想深入人心。

二、华人聚居区——唐人街

唐人街又称中国城、华埠，是海外华侨华人的居留地或居住区。以唐人街为载体，海外华人在语言文字、风俗习惯等方面保留了浓厚的中华文化特色。在唐人街，人们可以不用讲英语，直接用普通话、广东话交流；凡是在中国能买到的商品，都能够在唐人街买到；唐人街里的祠堂、牌坊、寺庙、会馆等建筑一般按中国建筑风格建造；每逢中国的传统节日，城内都充满节日的气氛，春节贴春联、放鞭炮，端午舞狮子打鼓等。

近代唐人街的形成有着深刻的历史原因和文化背景。首先是完全陌生的文化环境和强烈的文化反差，使侨居异乡的中国移民聚集在一起。明清以前，中国流入海外的移民基本分布在东亚和东南亚。由于地缘和文化的相近，以及中国的海外影响力，移民可以更顺利、迅速地融入当地社会，因此这些地区并没有形成一个封闭的华人社区。唐人街不仅是华人的精神寄托，也是他们不断牵系故乡的文化归宿。

唐人街是海外华人华侨的精神家园，是中国传统文化在异国的活化石。目前规模较大、有一定影响力的唐人街有60多条。美国的旧金山、纽约、芝加哥，加拿大的温哥华、多伦多，澳大利亚的悉尼、墨尔本，日本的横滨，英国的伦敦，法国的巴黎，泰国的曼谷等地均有著名的唐人街。下面介绍几个美国早期唐人街的情况。

（一）旧金山唐人街

旧金山的唐人街是美国最早的华埠，也是亚洲以外最大的"中国城"，初步形成于19世纪50年代。1852年，这里的华人数量有3000多人，分布在朴茨茅斯广场北面的几个街区。到了1876年，人口增加到5000人，华埠范围进一步扩大，长度达7个街区，宽度为3个街区，城内设有粤剧戏院、中文报纸公司和进出口贸易办庄。唐人街的建筑一般采用中国建筑风格，有些建筑材料还从中国运来。唐人街的商店很多，出售中药、瓷器花瓶、玉器雕刻、中国国画、中国象棋、中国茶具等。

（二）纽约唐人街

纽约唐人街的形成与该地华人移民的出现同步。19 世纪 80 年代以前，来自中国的移民集中分布在以旧金山为中心的美国西部，而美东地区只有零星的华人移民。1879 年，随着太平洋铁路通车，西海岸的排华浪潮空前高涨，当地的华人不得不向东部扩散。据统计，1870 年，纽约的华人数量不到 100 人，到了 1880 年增加到 853 人，初步形成了一个以莫特街为中心的华人聚居地。此后唐人街的人口不断增多，规模不断扩大。纽约华人一开始多经营小生意，后来发展到自制雪茄烟。20 世纪以后，陆续有人开始经营洗衣店、中餐馆等。

（三）芝加哥唐人街

芝加哥唐人街是美东几个城市中规模最大、最繁荣的唐人街。芝加哥开始接纳华侨移民是在 19 世纪 70 年代。1878 年，旧金山华人梅宗周迁入芝加哥。他在克拉克街开设了一家中药铺，生意兴旺，因此写信给旧金山和国内的亲友，约他们来芝加哥经商，于是有了 80 多位第一批移居芝加哥的华人。到 1890 年，芝加哥的华人数量增加到 567 人。1893 年芝加哥博览会后，更多的华人移居芝加哥，聚居在克拉克大街（又称第一唐人街），形成了一个初具规模的华埠。后来华埠扩展到现在的永活大街，即第二唐人街。街口处建有一座中国式大牌楼，正面刻有孙中山手书的"天下为公"，背面刻有"礼义廉耻"，是芝加哥华埠的标志。芝加哥的华人主要经营洗衣店、中餐馆，也有经营食品店和中药铺的。

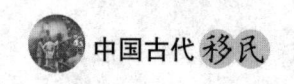

第七章　追本溯源觅祖根——移民及其寻根情结

寻根问祖是华夏子孙共有的归属情结。中华民族历来有追根溯源、尊宗敬祖的传统，这不仅是一种仪式，也是一种精神力量，体现出民族的认同感和凝聚力。

第一节　千年迁徙路——客家人的壮举

客家人是汉民族中一个重要而独特的民系，是历史移民的产物。千百年来，客家人经历了一个"迁徙—侨居—再迁徙—再侨居"的漫长过程。他们的迁徙历程饱含血泪和辛酸，进取和奋斗，是一部惊心动魄、可歌可泣的史诗。

一、筚路桃弧展转迁——客家民系的形成

客家民系是一个十分特别的群体，其先民来自中原汉族早期文明中心的黄河中下游流域。在西晋至明清的1000多年时间里，因各种原因，导致中原汉人一批批辗转迁徙到长江以南地区居住，进而不断南下，向各地分散迁徙，最终形成了客家民系散居世界各地的局面。晚清著名诗人黄遵宪诗云："筚路桃弧辗转迁，南来远过一千年。方言足证中原韵，礼俗犹留三代前。"道出了客家先民离开中原故土艰难迁徙

的历程。

据史学家考证，客家人至少经历了5次大规模的迁徙。第一次大迁徙发生在两晋时期。西晋末年，北方"五胡乱华"，晋元帝率领诸臣南渡长江，大批中原汉人相继南下，有的迁徙到江淮南北，有的迁入鄱阳湖区域和赣江流域，少数人还到了广东的大埔县。为了避免和原户籍者发生混淆，这些新来的汉人的户籍被称为"客"。晋元帝大兴四年（321年）出台"给客制度"，肯定了这种附设客籍的做法。这次南迁的中原移民就是客家人最早的祖先。

第二次大迁徙起于唐中期，持续到五代。受"安史之乱"、黄巢起义和藩镇割据等战争影响，大量中原汉人南逃，迁徙到闽、赣交界的赣州、汀州山区，即今闽西宁化、上杭、连城与赣南宁都等地，这时迁入粤东者还极少。

第三次大迁徙发生于宋元时期。北宋末年，金人南下，中原为金所占，百万汉人南移，经赣南西向入闽，汀州成为客家人聚居的中心地区。南宋末到元朝以后，蒙古人南下，大批客民西迁，由闽西迁到粤东，梅州成为客家新的聚居地。这时的客民入山唯恐不深，入林唯恐不密，形成了"逢山必有客，无客不住山"的特点。位于赣、闽、粤交界处的三江（赣江、汀江、梅江）流域，成为客家的主要聚集地，客家话通行，中原风俗盛行，逐渐形成了客家民系。元末明初战乱再起，客家人由福建迁入粤东的嘉应各地，嘉应成为客家人的腹地，被誉为"客都"。

第四次大迁徙是在明末清初。内部人口的膨胀加上政权更迭的影响，使客家人从梅州、汀州等地向四周扩散，分迁到广东中部及沿海地区，以及四川、广西、贵州、云南、台湾等地，还有小部分从闽西、粤北、粤东回迁到赣南和赣中、赣北西部罗霄山脉两侧，形成了客家分布全国许多地区的格局。

第五次大迁徙发生在清末民初时期，是一次世界范围的迁徙。咸丰、同治年间，在广东台山、开平、恩平等地，客家人和当地土著发生大规模的械斗，死伤逾数百万，史称"广东西路事件"。事后，大部分当地客家人向南迁入高、雷、钦、廉各州，远者渡海迁入海南岛。19世纪中期，太平天国运动失败后，涉及起义的客家人害怕受到打击报复，向香港、澳门、汕头、厦门、海口等沿海地区迁移，有的甚至迁往海外。

通过上述迁移活动，客家人分布到广东、福建、江西、湖南、广西、浙江、四川、海南等地。在海外，客家人则主要分布在东南亚各国、澳大利亚、美国、加拿大等地区。客家人遍及世界各地，有人说，有太阳的地方就有中国人，有中国人的地方就有客家人。

二、生生不息的"密码"——宁卖祖宗田，不卖祖宗言

中原汉人历经千年的流离辗转，形成了现在的客家民系。在迁徙和苦难中成长起来的客家人，对环境有着极强的适应性，千百年来生生不息，枝繁叶茂，成为一支与其他民系大异其趣的族群。

客家人生生不息的"密码"就在于他们对"根脉"的坚持。客家人的根在中原，他们始终没有忘记自己是从哪里出发，"客家人"的称谓，就是时刻警醒自己无论身处何方都是"客"，自己的祖根在中原故土。"宁卖祖宗田，不忘祖宗言"，客家人的故土之情深沉浓烈，他们坚持对中原文化的传承，把牢记祖先的门风门规、家训遗训，视为对故土和祖先最好的纪念。

（一）古汉语"活化石"

客家话又称"客家言"，是鉴别客家人最重要的标识，也是维系客家聚落和文化传统最坚固的纽带。

"宁卖祖宗田，不忘祖宗言"，这是客家地区广泛流传的俗语，表现了客家人对自己方言的重视。有些客家人背井离乡几十年，回到故土时依旧乡音未改。而如果有客家人不会讲客家话，就会被认为是背祖。客家人对本民系语言的坚守，使客家话世代相传，顽强地保留了下来，成为维系宗族血脉的重要工具。

客家话反映了中原文化在客家内部的传播和生根。据学者考证，客家话源于中州官话，产生于封闭的山区环境，很少吸收其他民系方言的因素，保留了较多的中原古音成分，因此被赋予"古汉语活化石"的美誉。有人做过统计，以常用汉语四五千字为对象，客家话语音与普通话没有区别的占30%～40%。由于客家方言与中原汉语之间的血脉联系，许多专家学者曾到赣南等客家聚集区了解古汉语的发音方法。

（二）崇文重教、耕读传家

崇文重教、耕读传家是客家人的家风家训，一直以来，读书都被客家人认为是实现人生价值和家族使命的重要途径。

客家的先民来自中原地区，其中有不少士大夫和读书人，迁徙的艰辛使他们明白教育对自身发展和家族壮大的意义，加上河洛文化崇文重教、耕读传家风气的影响，所以将兴学育才列为齐家的根本。不同时代的客家人遵循着客家祖训，将崇尚读书的风气发扬光大。由于重视教育，客家人在历史上涌现了不少杰出人物。客家重镇梅州曾经造就了一大批人才，如清代"广东第一才子"宋湘、中国近代著名诗人黄遵宪等,梅州因此被誉为"文化之乡",人称"梅州人文冠岭南"。

(三)敬祖睦宗、爱乡爱国

客家人的家国宗族观念特别强,祖先崇拜、寻根意识浓烈。这种观念通过聚族而居、修族谱、修宗祠等形式不断巩固和强化。

客家人有着强烈的家国情怀。无论身处何处,都不会忘记自己的祖国、祖宗和祖地,即使身在异乡或者海外,也会惦记祖国和家乡。在大陆各地,客家各姓宗亲,每年春秋祭祀祖宗都非常隆重,有的客家华人数十次返回祖国寻根问祖。在不同的历史时期,还产生了众多的客家籍英雄人物和爱国人士,他们以中华儿女和客家后裔的身份为祖国的各项事业作出了杰出贡献。

客家人的家族观念主要体现在两个方面:一是祠堂设施的完善和族谱的修撰;二是聚族而居,出现了超大型的土楼和围龙屋民居。客家民居以其独特的造型享誉海内外。围龙屋是最能集中体现客家传统文化的建筑形式,其中央为堂横式合院,前半部为禾坪和半月形水塘,后半部为半圆形(马蹄状)围屋。围屋外围是半圆形高大围墙,墙体上遍布射击孔,绕围墙设有多个碉楼。围龙屋的建筑布局、院落结构、功用设置等均表现出中国古代建筑的风貌和气质,反映了客家文化既渊源于中原文明又具有自己的特色。

客家土楼被誉为中国民居建筑史上的奇葩,其设计之精巧、建筑之奇妙世所罕见。客家土楼具有很强的封闭性和防御性。客家先民迁入闽、粤、赣山区后,不仅受到当地原住民的排斥,还时常面对土匪强盗的掠夺。为了抵御外界的侵害,客家先民只能把自己的住所建设成坚固的堡垒。客家土楼都是用土木筑成,在坚实的石基上用生土夯成环形的围墙,围墙上加盖木质楼房,楼上建筑炮楼,楼壁上开满用于射击的枪眼,有的土楼还在楼前开挖壕沟。土楼的规制一般都比较大,可供上百户居民居住,大的土楼可以容纳千人。

三、客家文化的摇篮——宁化石壁

"北有大槐树,南有石壁村。"福建宁化石壁村是客家始祖开创基业的沃土,是孕育客家民系和客家文化的摇篮,因此在历史上名噪一时,成为客家祖地的中心。

宁化石壁原名玉屏,地处武夷山脉东麓,福建省西隅,这里北接江、浙,南连粤、桂,周围山环水绕,中间是平坦开阔的平原和盆地,环境幽雅,物产丰饶,堪称世外桃源。闭塞的地理位置,使这里远离战乱。优越的自然环境和便利的水陆交通,使其成为历代南迁士民避难繁衍的乐土。

早在秦汉时期,就有中原士民迁徙到石壁。此后,每当社会历史激烈变动,就有众多的北方移民涌入石壁定居,垦荒拓殖,生息繁衍,有的传到几十代。据史书统计,宁化在唐末人口只有1万多人,到南宋时已达11万,其中土著仅有5000多人,足见迁民数量之多。

进入宁化石壁的中原姓氏也有很多,在石壁客家公祠中祀奉着客家160个姓氏的始祖神位,这些姓氏主要来自河南、山西、河北、甘肃、山东等地。比如刘姓,根据《嘉应刘氏族谱》记载,刘备的次子刘永在蜀国灭亡后迁徙洛阳,两晋之际移居江南。"黄巢乱起,翰林学士刘天锡弃官奉父刘祥避居福建石壁祠,号为东派"。唐浚仪(今河南省开封市)人吴竞的后裔吴宥,迁居福建宁化,为闽粤吴氏始祖。

中原汉人迁到石壁后,由于高山的阻隔和战乱的频繁与中原地区中断了联系,在封闭的世界里,他们将自己的传统文化、语言和习俗，与当地土著的民风习俗相融合，形成一种既有中原古文化的遗风，又有自己独特风味的新文化——客家文化。与此同时，客家民系也诞生了。

随着时间的推移，石壁村的客家人口越来越多，生活空间越来越小，再加上战乱袭击，他们无法安居乐业，只好辗转迁徙，另寻新居。于是一批批客家先民分迁到闽南、闽西、粤东等地。随着子孙后裔的播迁繁衍，又撒向湘、桂、川、黔等地，并播向海外。一些客家族谱记载，"宁化石壁客家先民迁出的路线，系经福建长汀、上杭，而广东梅县，再转徙广西、湖南、四川，乃至台湾、香港，以及东南亚和世界各地"。

客家各姓氏族谱或家谱记载姓氏源流或家族历史时，大多把从宁化石壁外迁的第一祖先尊为家族始祖。有学者说："今日各地客家人的祖先，大部分都曾经在石壁住过。""凡是客家人，其先世几乎都有人流居宁化甚至石壁。"因此宁化石壁成为神圣的"客家总祖地"。

从1995年开始，福建宁化每年都会举办世界客属石壁祖地祭祖大典活动，迄今已经举办了29届，这期间有数十个国家和地区近百万客家人到石壁祖地寻根祭祖。2001年，世界客属石壁祖地祭祖大典被列入国家非物质文化遗产名录。

第二节　笑问君从何处来——移民胜地的寻根热

根脉文化是中国传统文化的重要组成部分，包含了对祖先、家族和故土的追溯和探究。提起根脉，我们会不由自主地想起祖先，想起祖先的故乡。但因为年代的久远，人们已经不知道祖先最初的来源地，只记得他们迁来的地方。于是历史上移民集群的出发地就成为祖先的故乡，成为人们寻根问祖的胜地。

一、脱履认乡亲——寻祖大槐树

"问我祖先何处来？山西洪洞大槐树。祖先故居叫什么？大槐树上老鹳窝。"自明代以来，这首民谣就一直在我国的河北、河南、江苏、安徽等地广为流传，甚至在海外的华人中也时常听到。山西洪洞大槐树之所以成为无数中华儿女魂牵梦萦的精神寄托，是因为它凝聚了先人对桑梓故里的眷恋。

洪洞大槐树是明初大移民的历史标志。元末的农民战争和明初的靖难之役，给中原腹地造成了极大破坏，而山西由于太行山的阻隔而免于战祸，经济富庶，人丁兴旺。为了弥补中原地区的创伤，迅速发展生产，明朝统治者做出"狭乡之民""迁之宽乡"的决策，先后18次历时四五十年，将数十万计的山西百姓移往外地。洪洞县大槐树处就是当初明政府办理迁民手续的地方。

洪洞县位于山西南部临汾盆地的北端，是一座古老的县城。旧城北五里的贾村有一座广济寺，大槐树就位于寺院的旁边。每到黄昏，汾河上的老鹳鸟就会成群结队地飞到这株大槐树上歇息，早晨再飞往各处觅食。明初实行移民时，官府在广济寺大槐树下设立移民机构，将附近各县外迁的人口全部集中到这里，登记造册，组编列队，按户发放"凭照川资"，然后强行遣送到四方。移民们在兵丁的押解下，从大槐树出发，一步三回首，三步一驻足，眼望大槐树和老鹳窝，渐行渐远。这些移民在他乡落地生根后，他们的后裔因为年代久远忘记了祖籍所在地，只记得先人最后离开广济寺的情景，于是大槐树就成了移民群体中唯一广为流传的故乡的标志，成为古槐后裔认祖归宗的根。

据《明史》等资料记载，先后有4个民族881个姓氏在内的100多万人，经洪洞大槐树迁移到河北、河南、山东、安徽、江苏、湖北等18个省份的500个州县，一部分移民的后代后来还迁徙到国外。为了不忘故土，许多移民的后裔都制定族谱，把迁徙事迹记录下来，有的移民甚至用原来故乡的名字来命名迁入地的名称，如北京郊区有赵城营、红铜营等，据考证这些移民都是明朝从赵城、洪洞等地迁去的。

随着岁月的流逝，当年的那棵大槐树早已枯死，但后来在大槐树东边又同根生出第二代、第三代大槐树。民国初年，洪洞人景大启筹资擘画，对大槐树古遗址进行修缮，建成了碑亭、茶室和牌坊，并竖立了一块"古大槐树处"的碑刻。中华人民共和国成立后，洪洞县人民政府又多次拨款，修建了大槐树祭祖园。祭祖堂是整个园区的核心，是全国最大的"百家姓"祠堂，安放着1230个移民先祖姓氏的牌位。祭祖园中还有各个移民姓氏的家谱，记载得非常详细。为了满足亿万大槐树后裔的寻根祭祖愿望，从1991年起，洪洞县在每年的清明节都举办"大槐树寻根祭祖节"，吸引了大批来自国内外的古槐移民后裔前来寻根祭祖。

二、此心安处是吾乡——根在瓦屑坝

江西鄱阳县莲湖乡瓦屑坝（故址在莲湖乡瓦燮岭）是今安徽、湖北等地众多姓氏公认的始迁祖籍，号称"江南第一移民圣地"，与洪洞大槐树齐名，后世称"北有山西大槐树，南有江西瓦屑坝"。

瓦屑坝本是鄱阳湖畔的一个古老渡口，曾是古代鄱阳湖地区的水运交通枢纽，不仅可以抵达饶州府各县，也能连通长江，通往安徽、湖北、湖南、重庆、四川等地。宋元时期，全国经济重心南移，江西一度人口非常稠密。元朝末年，战火连天，致使鄂、皖、豫、川等地大批百姓非亡即逃，原本肥沃的土地变得荒芜，成为百里无人烟的"宽乡"。相形之下，江西饶州府则较少受战乱波及，成为地少人多的"窄乡"。明朝初年，为了发展经济，一开始从江西等人口稠密区向人口稀少区移民，瓦屑坝由于地理上的优势而成为江西政府首选的移民集散地。

在"江西填湖广，湖广填四川"的大迁徙行动中，数百万的江西移民一次次地集中到瓦屑坝这个古老的码头，通过鄱阳湖进入长江，迁徙到江淮一带。随着时间的推移，移民们对于家乡的记忆日渐模糊，只记得瓦屑坝这一标志性符号，瓦屑坝就成为先祖们魂牵梦萦的故乡，经过口口相授，代代相传，演变为无数江西籍移民的始迁祖地。

关于此次移民，正史中并无明文记载，但在方志、族谱中有大量资料证明。据专家考究，洪武年间，江西向安徽、湖北、湖南、江苏共移民210多万人，其中仅从饶州瓦屑坝迁出的就达近百万人。安徽宿松人朱书说："吾安庆……神明之奥区，人物之渊薮也，然元以后至今，皖人非皖人也，强半徙自江西。"有人提出，现在安徽人的祖先由江西瓦屑坝迁来的人口户数约达十分之六七。统计显示，在安徽安庆市图书馆所藏的36种族谱中，迁自瓦屑坝和鄱阳县的姓氏达18个，迁自饶州和江西的达26个。由瓦屑坝迁入安徽桐城的汪姓人口众多，桐城境内的汪姓分支分别修谱，有"九李十三汪"之说。据说桐城显赫的张英、张廷玉家族也来自江西瓦屑坝。在合肥地区，相传半数以上合肥人的先祖来自江西，合肥四大姓"龚、张、李、段"的祖籍皆

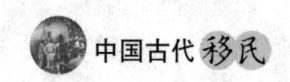

在鄱阳湖周边。

数百年来，移民后代的寻根愿望从未停止过，不断有人来到根祖之乡瓦屑坝祭祖，逐渐形成了一种经久不息的根亲祭祖习俗。2013年，鄱阳瓦屑坝祭祖被纳入江西省非物质文化遗产。2017年，为了展现移民历史文化，弘扬"思源思进"的移民精神，鄱阳县政府开始在县城西北部建设瓦屑坝移民文化园，景区内主要建有瓦屑坝移民文化馆、移民雕塑群、乡愁码头、圆梦剧场、同心广场、望乡台等建筑。

三、广府人的发祥地——南雄珠玑巷

珠玑巷位于广东南雄市以北9公里处的古驿道上，既是珠江三角洲众多姓氏念念不忘的发祥地，也是海外千百万华侨的祖居地，与洪洞大槐树、鄱阳瓦屑坝并称为中国三大寻根地。

珠玑巷地处梅岭与南雄县城之间，是古代中原人迁徙岭南的重要中转站。唐朝开元年间，为了加强和改善南北交通，方便岭南和海外珍贵物资运往中原，唐玄宗命张九龄开凿梅关古道。新路开通以后，南北交通距离大为缩短，梅关古道成为南北贸易和移民南迁最重要的交通路线。而地处古道上的珠玑巷，依傍于梅岭南边，地处南北要冲，成为中原人民进入岭南的第一个落脚点。

"安史之乱"后，中原百姓大量度岭南迁，如孔子的后裔孔闰就是在此时迁居南雄的。北宋末、南宋初，金人入侵，更多中原人入粤避乱，来到珠玑巷。据记载，曾经有153个姓氏在这里聚居驻足，商旅、挑夫"日有数千"，客栈、酒楼遍布街市。一些移民在珠玑巷永久地停留下来，休养生息、重振家业，珠玑巷成为他们的又一个故乡。

南宋末年，随着北来移民越来越多，珠玑巷容纳不下过度膨胀的

人口，再加上战火波及和天灾影响，珠玑巷的居民开始大批地向珠江三角洲迁徙，他们和当地土著居民融合，形成了一个新的民系——广府人。珠玑巷是岭南诸姓氏的发祥地，阮元的《广东通志》记载："广州诸旺族俱发源于此。"据统计，分布在今珠江三角洲广府人的211个氏族中有191个是从南雄迁入的，而其中有187个氏族是宋代从南雄迁入珠江三角洲的，占了总数的98%。

在珠玑巷汉族移民南迁的故事中，南宋咸淳年间的33姓97家结伴南下颇为有名，在广府氏系族谱和民间传说中广泛流传。相传珠玑巷有一位商人名叫黄贮万，搭救了从宫里逃出来的胡贵妃，并娶她为妻。不料此事被黄贮万的家仆告发，朝廷派兵前来围剿。消息传出，珠玑巷及其附近的33姓97家居民纷纷出逃，南迁到珠江三角洲一带。胡贵妃自感连累大家，投井自尽。数年后，重返家园的乡民为纪念和缅怀胡贵妃，在井旁建了一座石塔。据说这是广东唯一一座有准确年代可考的元代古塔。

及至元末明初，由于战乱、自然灾害等原因，北方仍不断有人南迁到珠玑巷，而珠玑巷同样也不断有人继续南下。这些移民进一步充实了珠江三角洲，明政府遂新置顺德、开平、恩平、新安、高明、广宁等县安置南迁的南雄珠玑巷人。与此同时，明政府设置广州府，"广府"之名遂成为广州府一带汉族的俗称。

珠玑巷是珠三角居民和珠三角文化的发祥地，广府人的祖先从珠玑巷走向珠江三角洲，他们的后代又跨出国境走向世界。随着历史的发展，珠玑巷后裔遍及海内外，人口达数千万，"根系一脉，叶茂全球"。因而珠玑巷成为无数岭南人精神上的故乡。

近年来，随着寻根问祖热的升温，珠玑巷后裔对自己祖先的发祥

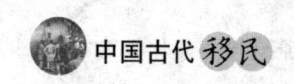

地有了更多的认同感,越来越多的海内外珠玑巷后裔心系珠玑巷,把珠玑巷作为自己心灵的慰藉。每年都有大批珠玑后裔通过珠玑后裔联谊会等渠道寻根问祖,修建祠堂,祭奠先祖。

> **知识链接**
>
> ### 珠玑巷名称的由来
>
> 　　相传珠玑巷原名敬宗巷。唐敬宗年间,巷里居民张昌一家七代同居,笃爱和睦,朝廷闻其孝义,加以旌表,特赐一批珠玑宝物。唐敬宗死后,因避敬宗庙号之讳,敬宗巷改名为珠玑巷。
>
> 　　也有人说珠玑巷得名于宋代。北宋开封城内有珠玑巷,宋室南渡时,迁入南雄的臣民为了表达对故乡的怀念,将所居之地称为珠玑巷。

四、巴蜀人的精神家园——麻城孝感乡

"问君祖籍在何方,湖广麻城孝感乡。"这是川渝地区普遍流传的民谣。几百年来,许多四川人都把麻城孝感乡当作自己的"根",通过一代又一代的口头传说、族谱、碑记,寄托对祖先的怀念。

"麻城孝感乡移民"发生在"湖广填四川"期间。历史上有两次大规模的"湖广填四川"行动。

第一次"湖广填四川"是在元末明初。元至正十七年(1357年),徐寿辉部将明玉珍率部西征,相继攻占重庆、成都。明玉珍是湖北随州人,其部下也几乎全是湖北人,因而有很多湖北人迁入四川。至正二十年(1360年),徐寿辉为陈友谅所杀,明玉珍据蜀称王,国号为夏,徐寿辉旧部多入川投奔明氏。明玉珍在四川轻徭薄赋,保境安民,

又吸引了大批湖北民众入川。等到朱元璋消灭陈友谅占据了湖北，四川更成为湖北百姓避难的乐土。明洪武四年（1371年），明将汤和、傅友德、廖永忠等率兵入蜀，攻灭明氏政权。朱元璋命诸将所率军队就地驻，一些湖北籍士兵及其家属定居四川。明氏旧部被收编后，也都就地安置。当时的四川人口稀少，户籍可查的只有8万多户，因此朱元璋多次移民入川，大批湖北人相继进入四川境内，遍布四川各地。民国《资中县志》说"明洪武由楚来居者十之六七"。根据学者的计算和统计，洪武年间四川接收的移民总数为80多万，其中有五六十万来自湖广，麻城人充当了主力。清康熙七年（1668年），四川巡抚张德地在一封奏疏中说："查川省孑遗，祖籍多系湖广人氏，访问乡老，俱言川中自昔每遭劫难，亦必至有土无人，无奈迁外省人民填实地方。所以见存之民，祖籍湖广麻城者更多。"清初四川残存下来的"孑遗"，大多是明代由湖广麻城入川的移民的后裔。

第二次"湖广填四川"发生在清康熙、乾隆年间。明末清初的战乱使四川十室九空，为此清廷颁布优惠政策，招集百姓入川，来自湖北、湖南的大量百姓迁居四川。在此背景下，麻城孝感的乡民也成为移民潮的一部分。

在明清浩浩荡荡的移民入川潮流中，湖北麻城孝感是移民入川的中心，人称"湖广填四川，麻城过一半"。这里也是移民的出发地和集散地，既有麻城人从这里迁入四川，也有外地移民在此稍作停留进入四川。移民中的绝大多数是没有文化的平民，他们迁徙四川后，由于战乱等原因又四处迁移，渐渐忘记了祖籍的确切地点，因此以麻城孝感作为故乡。久而久之，麻城孝感几乎成为四川移民的代名词。

由于清朝的湖北麻城县和今天的麻城市都没有孝感乡这个地名，

所以当年的麻城孝感今属何地，并没有定论，有人直指今湖北孝感市，也有人考证说是在今湖北红安县城关镇一带。

数百年来，自发到湖北麻城寻根问祖的川渝移民后裔络绎不绝。近几年，为了宣传移民文化，给前来认祖籍、修家谱的川渝移民提供条件，湖北麻城市建立了孝感乡文化园，每年清明时节都在祭祖大殿举行祭祖大典。

知识链接

麻乡约

明朝永乐年间，湖北麻城县孝感乡有大批农民被迫迁到四川开垦。这些移民由于思念故乡，相约每年推举同乡代表回乡几次，往返带送信件和送土特产。这些代表人被称为"麻乡约"或"乡约"。在地方上，麻乡约还充当公共事务的组织人、协调人，在民事关系上起着调解作用。清末民初，麻乡约逐渐演变为专业的民信局。可以说，麻乡约开创了中国民间邮政的先河。

五、苏北人的朝圣地——苏州阊门

苏州阊门是无数苏北人心目中共同的"根"。苏北，即江苏境内长江以北地区，在明清时期属于淮安府和扬州府。苏北人几乎都说自己的祖先来自苏州阊门。

据方志和族谱记载，阊门移民发生在洪武年间。关于这次移民的原因，正史中没有直接的记载，因此流传着多种说法。

（1）报复说。这是苏北地区流传最广的说法。民国《续修盐城县志》引凌兰荪《凌氏谱》："元末，张士诚据有吴门，明主百计不能下，及士诚兵败身虏，明主积怒，遂驱逐苏民实淮扬两郡。"说张士诚以苏州为据点，与朱元璋争衡天下，朱元璋攻打苏州城久攻不破，等到张士诚兵败被俘，便对当地的居民采取惩罚性的迁移。

（2）避灾说。苏北民间传说，明初在江南一带有一种马蜂和红头苍蝇蜇人，被叮蜇过的人必死，所以人们只好跑往江北，逃避马蜂和苍蝇的叮蜇。

（3）移民开发说。在元末战争中，苏北地区是主要战场，遭受的破坏十分严重，而且洪水、饥荒等自然灾害频发，因此百姓大量逃亡，经济文化趋于停滞状态。据记载，洪武初年，扬州城内土著居民仅40多户，《明太祖实录》中说当时农村"积骸成丘，居民鲜少"，处处"人力不至，久致荒芜"。而江南地区经济文化发达，人口稠密。为充实苏北人口，恢复经济，于是将苏州的大批民户迁往人口稀少的两淮地区。

据地方志和家谱等资料记载，苏北在明初至中期的大批移民，主要来自今江苏南部和浙江北部，也包括皖南、江西和其他地区，人口总数约为65万人。来自苏州府的移民所占比例最大，在经济、文化、教育等方面产生的影响最突出。今扬州宝应县刘氏、乔氏、王氏，泰州姜堰的葛氏、徐氏，兴化的顾氏、张氏、朱氏、周氏、姚氏、杨氏等，均是此次移民的后裔。著名的《水浒传》作者施耐庵，名士郑板桥等，其祖籍也都是苏州。

苏州阊门跟洪洞大槐树一样，也只是当时移民的一个中转站。阊门是苏州城的西北门，是古代苏州的水路要冲，出阊门不远即京杭大运河，沿京杭大运河北上是移民的最佳路线。因此明朝可能在阊门设置了专门办理移民事务的衙署，集中被迁之民，发放凭照川资，登记造册，编排队伍。由于苏州府及其他府县的移民都从这里出发，所以阊门一带成为他们惜别家乡的标志。年深日久，许多移民后裔已经无法考证祖先的来历，就只能称"祖居阊门"。当苏州移民后裔中出现了名人和大族，认同"苏州阊门"的移民后裔便越来越多，甚至会出现附会原籍的情况。这种"从众"现象在其他移民集中的地区也很普遍。

苏州阊门是当时数十万移民进入江北的出发地和集散地，故苏北民众将其视作寻根问祖的朝宗圣地。为了便于600多年前背井离乡的移民的后裔寻根问祖，追本溯源，2011年，阊门城楼对面的港口地区修建了"阊门寻根纪念地"，包括望苏埠、朝宗阁、寻亲驿站三个部分。阊门寻根纪念碑的背面刻写着碑文，详细诉说了寻根历史。朝宗阁大门前的地面上刻有99种字体写成的"根"字，寓意"九九归一"，阁内保存着主要移民姓氏家谱，还有移民迁徙路线图和阊门寻根组图。

参考文献

1. 范玉春. 移民与中国文化 [M]. 桂林：广西师范大学出版社，2005.

2. 葛剑雄，曹树基，吴松弟. 简明中国移民史 [M]. 福州：福建人民出版社，1993.

3. 葛剑雄，曹树基，吴松弟，等. 中国移民史 [M]. 上海：复旦大学出版社，2022.

4. 葛剑雄，安介生. 移民与中国传统文化 [M]. 太原：三晋出版社，2022.

5. 董龙凯. 潮起潮落——中国移民史话 [M]. 沈阳：沈阳出版社，1997.

6. 安介生. 民族大迁徙 [M]. 南京：江苏人民出版社，2011.

7. 胡小鹏，张嵘，张荣. 西北少数民族史教程 [M]. 兰州：甘肃人民出版社，2013.

8. 徐兆寿，刘强祖. 丝绸之路上的移民 [M]. 上海：上海人民出版社，2018.

9. 高永久. 四海之内：民族的形成与变迁 [M]. 南京：江苏人民出版社，2017.

10. 任崇岳. 中原移民史 [M]. 郑州：河南人民出版社，2006.

11. 林梅村. 丝绸之路考古十五讲 [M]. 北京：北京大学出版社，2006.

12. 王小甫，范恩实，宁永娟. 古代中外文化交流史 [M]. 北京：高等教育出版社，2006.

13. 杨思远，等. 满族经济史 [M]. 北京：社会科学文献出版社，2018.

14. 徐杰舜，丁苏安. 汉民族史记9：海外移民卷 [M]. 北京：中国社会科学出版社，2019.

15. 沈健. 下南洋 [M]. 北京：北京工业大学出版社，2013.

16. 郑来发. 一路向海：漳州人下南洋 [M]. 福州：福建人民出版社，2016.

17. 巫乐华. 南洋华侨史话 [M]. 天津：天津教育出版社，1991.

18. 衷海燕. 明代海上丝绸之路史 [M]. 广州：世界图书出版广东有限公司，2020.

19. 谢重光. 客家形成发展史纲 [M]. 广州：华南理工大学出版社，2001.

20. 张青，张书剑. 大槐树 [M]. 太原：山西人民出版社，2009.

21. 黄泽岭. 大槐树寻根 [M]. 北京：当代中国出版社，2005.

22. 中国人民政治协商会议鄱阳县委员会. 寻根江西瓦屑坝 [M]. 南昌：百花洲文艺出版社，2021.

23. 李明. 兴化访垛 [M]. 北京：北京出版社，2019.

24. 赖井洋. 乌迳古道与珠玑文化 [M]. 广州：暨南大学出版社，2015.

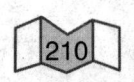

中国传统民俗文化丛书

一、古代人物系列（14本）
1. 中国古代乞丐
2. 中国古代道士
3. 中国古代名帝
4. 中国古代名将
5. 中国古代名相
6. 中国古代文人
7. 中国古代高僧
8. 中国古代太监
9. 中国古代侠士
10. 中国古代幕僚
11. 中国古代皇后
12. 中国古代士人
13. 中国古代华侨
14. 中国古代神话

二、古代民俗系列（10本）
1. 中国古代民俗
2. 中国古代玩具
3. 中国古代服饰
4. 中国古代丧葬
5. 中国古代节日
6. 中国古代面具
7. 中国古代祭祀
8. 中国古代剪纸
9. 中国古代鞋帽
10. 中国古代生肖文化

三、古代收藏系列（16本）
1. 中国古代金银器
2. 中国古代漆器
3. 中国古代藏书
4. 中国古代石雕
5. 中国古代雕刻
6. 中国古代书法
7. 中国古代木雕
8. 中国古代玉器
9. 中国古代青铜器
10. 中国古代瓷器
11. 中国古代钱币
12. 中国古代酒具
13. 中国古代家具
14. 中国古代陶器
15. 中国古代年画
16. 中国古代砖雕

四、古代建筑系列（16本）
1. 中国古代建筑
2. 中国古代城墙
3. 中国古代陵墓
4. 中国古代砖瓦
5. 中国古代桥梁
6. 中国古塔
7. 中国古镇
8. 中国古代楼阁
9. 中国古都
10. 中国古代长城
11. 中国古代宫殿
12. 中国古代寺庙
13. 中国古代寺庙与道观建筑
14. 中国古典园林
15. 中国江南古镇
16. 中国古代民居

五、古代科学技术系列（15本）
1. 中国古代科技
2. 中国古代农业
3. 中国古代水利
4. 中国古代医学
5. 中国古代版画
6. 中国古代养殖
7. 中国古代船舶
8. 中国古代兵器
9. 中国古代纺织与印染
10. 中国古代农具
11. 中国古代园艺
12. 中国古代天文历法

13. 中国古代印刷
14. 中国古代地理
15. 中国古代地方志

六、古代政治经济制度系列（24本）

1. 中国古代经济
2. 中国古代科举
3. 中国古代邮驿
4. 中国古代赋税
5. 中国古代关隘
6. 中国古代交通
7. 中国古代商号
8. 中国古代官制
9. 中国古代航海
10. 中国古代贸易
11. 中国古代军队
12. 中国古代法律
13. 中国古代战争
14. 中国古代衙门
15. 中国古代外交
16. 中国古代盐文化
17. 中国古代茶文化
18. 中国古文化遗址
19. 中国古代江湖游艺
20. 中国古代门窗
21. 中国古代河流
22. 中国古代车马
23. 中国古代天文历法与二十四节气

24. 中国古代床文化

七、古代文化系列（33本）

1. 中国古代婚姻
2. 中国古代武术
3. 中国古代城市
4. 中国古代教育
5. 中国古代家训
6. 中国古代书院
7. 中国古代典籍
8. 中国古代石窟
9. 中国古代战场
10. 中国古代礼仪
11. 中国古村落
12. 中国古代体育
13. 中国古代姓氏
14. 中国古代文房四宝
15. 中国古代饮食
16. 中国古代娱乐
17. 中国古代兵书
18. 中国古代哲学
19. 中国古代宗祠
20. 中国古代奇案
21. 中国古代旅游
22. 中国古代家风
23. 中国古代地名
24. 中国古代家谱与年谱
25. 中国古代名字与别号
26. 中国古代墓志铭
27. 中国古代甲骨文

28. 中国古代称谓史话
29. 中国古代民间传说
30. 中国五岳名山
31. 中国古代汉字史话
32. 中国古代移民
33. 中国古代毛笔和宣纸

八、古代艺术系列（13本）

1. 中国古代艺术
2. 中国古代戏曲
3. 中国古代绘画
4. 中国古代音乐
5. 中国古代文学
6. 中国古代乐器
7. 中国古代刺绣
8. 中国古代碑刻
9. 中国古代舞蹈
10. 中国古代篆刻
11. 中国古代杂技
12. 中国古代民间工艺
13. 中国古琴